丛书策划编辑：孙宇辉　钱春华
丛书责任编辑：吴　珂
本卷责任编辑：吴　珂
本卷责任校对：田　露
封 面 设 计：王齐云
版 式 设 计：北京华泰联合图文设计制作中心

图书在版编目（CIP）数据

中国武术研究院院藏清抄本校释．第七卷，《绘图罗汉短打变式》《绘像罗汉兵刃全式》《增补罗汉行功短打通解》《绘像罗汉行功全式》《武拳势四则式》/ 国家体育总局武术研究院编写．-- 北京：北京体育大学出版社，2024. 5. --（中华武术典籍珍藏）. -- ISBN 978-7-5644-4125-8

Ⅰ. G852

中国国家版本馆 CIP 数据核字第 2024VG7849 号

中国武术研究院院藏清抄本校释　第七卷
ZHONGGUO WUSHU YANJIUYUAN YUANCANG QINGCHAOBEN JIAOSHI DI-QIJUAN
国家体育总局武术研究院　编写

出版发行：北京体育大学出版社
地　　址：北京市海淀区农大南路 1 号院 2 号楼 2 层办公 B-212
邮　　编：100084
网　　址：http：//cbs.bsu.edu.cn
发 行 部：010-62989320
邮 购 部：北京体育大学出版社读者服务部 010-62989432
印　　刷：北京瑞禾彩色印刷有限公司
开　　本：880mm × 1230mm　1/32
成品尺寸：143mm × 210mm
印　　张：14.25
字　　数：315 千字
版　　次：2024 年 5 月第 1 版
印　　次：2024 年 5 月第 1 次印刷
本册定价：130.00 元
丛书定价：998.00 元

中华武术典籍珍藏

「十四五」国家重点出版物出版规划项目
国家古籍工作规划项目
国家古籍整理出版专项经费资助项目

中国武术研究院藏清抄本校释

柒

第七卷

国家体育总局武术研究院　编写
中国武术协会　审定

北京体育大学出版社

中华武术典籍珍藏·中国武术研究院院藏清抄本校释编委会

顾　　问：江百龙　张　山　陈国荣　骈宇骞

编委会主任：张玉萍　张　剑

编委会副主任：李永强　陈　冲

编委会委员：王立峰　冯宏芳　许　猛　孙宇辉　李　飞　吴　珂　肖志民　罗为民　郭晓勇

（以上按姓氏笔画排序）

主　　编：周伟良　胡玉玺

副 主 编：田文林

编　　委：田文波　李远伟　杨红光　杨祥全　杨　强　余水清　罗时铭　耿　彬　程大力

第一卷

执行主编：耿　彬

编　　委：李远伟　杨红光　杨　强

第二卷

执行主编：杨红光

编　　委：李远伟　杨　强　耿　彬

第三卷

执行主编：李远伟

编　　委：杨红光　杨　强　耿　彬

第四卷

执行主编：杨　强

编　　委：李远伟　杨红光　耿　彬

第五卷

执行主编：杨红光

编　　委：李远伟　杨　强　耿　彬

第六卷

执行主编：杨　强

编　　委：李远伟　杨红光　耿　彬

第七卷

执行主编：耿　彬

编　　委：李远伟　杨红光　杨　强

第八卷

执行主编：李远伟

编　　委：杨红光　杨　强　耿　彬

前言

武术，作为中华优秀传统文化的重要组成部分，是中华民族的智慧结晶，承载着中华民族的精神追求。自古以来，武术不仅是一种强身健体、自卫防身的技艺，更是一种修身养性、弘扬民族精神的文化载体。

习近平总书记在二〇二三年六月二日文化传承发展座谈会上的讲话中说道：『文化关乎国本、国运。只有立足波澜壮阔的中华五千多年文明史，才能真正理解中国道路的历史必然、文化内涵与独特优势』。中华民族的文化自信是建立在五千多年不间断文明传承基础上的。在推进中国式现代化建设的征程上，我们要找准中华文化的根和魂，坚定中国特色社会主义道路自信、理论自信、制度自信、文化自信。

一九八三年至一九八六年，国家体育运动委员会武术挖掘整理领导小组统一部署，各级体育运动委员会武术挖掘整理工作小组积极参与，全国八千余名专职武术工作者和业余爱好者被动员起来，开展了我国武术发展史上空前的『普查武术家底，抢救武术文化遗产』工作。经过三年努力，为收集保存武术文物、史料而开展的『献拳经拳谱、献兵械实物、献功法技艺』的『三献』活动，收集了一批文献资料、古兵器和其他实物，丰富了武术文物资料库。

拳谱典籍，作为中华文明历史长河中的珍贵文献，记录了武术的原始形态与发展脉络，它们是武术传承的见证，更是领略与参详古代武术文化思想和技艺传承的宝贵资料。然而，由于时代的变迁和语言的演变，这些拳谱对现代人来说，往往难以直接阅读和理解。因此，在新时代对这些抄本进行校释，不仅是对优秀传统文化的尊重，也是对武术发展的贡献。

本次校释工作，由国家体育总局武术研究院发起组织，精选出三十四份三十一种清代拳械技理抄本，委托郑州大学体育学院（现为河南体育学院）的多位武术学者和专家共同完成，北京体育大学出版社作为出版方协助编辑出版。他们秉持严谨求实的态度，历经长期艰苦的工作，对原稿进行了细致的校勘与注释，使这些珍贵的历史文献得以更加清晰、准确地呈现在读者面前。希望这些努力能够让更多的人了解武术的精髓，感受武术的魅力。

中华武术典籍珍藏·中国武术研究院院藏清抄本校释的顺利出版得益于二〇二三年度国家古籍整理出版专项经费的资助，这是武术类古籍编辑出版首次被该项目立项支持，体现了国家对于优秀传统文化的重视与扶持。同时，本丛书被列为『十四五』国家重点出版物出版规划项目，以及二〇二一年至二〇三五年国家古籍工作规划重点出版项目。

本丛书的出版，不仅为武术理论研究提供了『考镜源流』的史料支撑，也意味着一批清代武术珍本首次面世，对传承武术技艺、弘扬传统武术文化具有深远的影响。同时我们也要看到，对武术源流与发展的探究是一个既复杂又漫长的系统工程，武术古籍点校出版与后续的研究工作，仍然任重而道远，必须继续推进、不断深化。

武术的传承发展与中华民族的伟大复兴息息相关，从戚继光『抵御外侮』的壮志豪情，到中央国术馆『御侮图存』的精神追求，再到新时代基于文化自信的传统武术振兴实践，中华武术无疑是中国人自强不屈精神的生动体现与巩固中华文化主体性的坚强堡垒。我们愿与社会各界一起，深入探源在中华文明波澜壮阔发展历程中与之相伴相生的武术发展脉络，把武术历史研究引向深入。

饮水思源，不忘本初。本丛书的出版，离不开国家体育总局武术研究院历任领导的关心与关怀，他们的远见卓识和坚定支持，为丛书的编辑和出版奠定了坚实的基础。同时，也离不开众多国内外武术学者和专家的无私指导与贡献，在此不逐一列举。我们特别要向四十年前那些在武术挖掘整理工作中慷慨捐赠武术典籍的人士致以最诚挚的敬意和衷心的感谢。正是他们的无私奉献和慷慨支持，极大地丰富了武术历史研究的资料宝库，为武术文化的传承注入了不朽的精神。

总之，中华武术典籍珍藏·中国武术研究院院藏清抄本校释的出版，既是对武术文献典籍的系统梳理，也是对中华文化主体性在武术领域的深刻阐释，更是对传统武术文化的礼敬。愿本丛书的问世能够激发更多人对武术历史的兴趣与热爱，吸引更多人来保护、研究和传承这份珍贵的文化遗产。

古籍文献的整理不可能一蹴而就，本丛书必定会存在一些不足，希望读者批评指正。

国家体育总局武术研究院

二〇二四年六月

编者的话

历史是过去发生过的事情，已经一去不复返。人们既无法使历史重演，也无法回到逝去的年代，身临其境地去感受和体验当时的场景。因此，人们想了解和研究自己的过去，只能借助前人留下的各种『痕迹』。正是凭借这些『痕迹』，后人才可以追溯祖先的足迹，认识人类社会的各个发展阶段，进而探讨其历史发展的规律。前人留下的历史痕迹形式多样，除了传承下来的生活方式、手工技艺、实物遗存以及思想观念等外，还有大量的文献典籍。以文字符号为特征的文献传播，是一场巨大的社会进步，有力地推动了人类知识的积累与传承。中华典籍源远流长，浩如烟海。它们记录了中华文明的发展历程，也是中华文化的重要载体与组成部分！

武术是由华夏文明长期氤氲滋养而发展起来的传统人体活动方式，折射着漫长岁月里武林先辈的智慧和中华优秀传统文化的基本精神。多少年来，中华武术的价值取向、人文精神和活动样式，引起无数习武者『衣带渐宽终不悔』的折腰苦求，从而积淀了博大精深的文化载量和一以贯之的文化命脉，成为实现中华民族伟大复兴的重要基础。在蜿蜒的历史长河中，先辈们在为后人传承各种拳械技艺的同时，还留下了一批弥足珍贵的武术典籍。林林总总的武术典籍，有的辑录于各类官私文乘，也有的独立成册；有的付梓刊印，也有的传抄存世。但漫长的岁月荡涤与时代更迭，造成了大量武术图籍的流失和散佚。历史上，如汉书·艺文志中记录的剑道三十八篇和手搏六篇，南北朝时的马槊谱，以及明人汪伯言编撰的白打要诀六卷等，均已湮没在历史的尘埃中。宋人周密曾在齐东野语卷十二中有言曰：『世间凡物未有聚而不散者，而书为甚。』由于天灾、战乱以及人为毁坏等多种原因，历史长河里流传至今的武术文献可谓吉光片羽，为数不多，我们可于此窥得前代中华武术的技艺踪影，领略中华武术曾经的文化风采，所以武术文献典籍具有很高的学术价值。

二十世纪七十年代末，当时的国家体育运动委员会（以下简称『国家体委』）下发了一个有关武术挖掘整理工作的文件，并在稍后的一九八二年全国武术工作会议上，明确提出『做好武术挖掘整理工作』，随后成立专门机构，制定了至一九八五年底的武术挖掘整理工作计划。当时全国共有二十八个省、自治区和直辖市先后成立了武术挖掘整理工作小组〔一〕。历经三年，国家体委武术挖掘整理工作组共收到捐献的文献资料四百八十多本，古代兵器近四百件，相关实物三十余件，以及约四百小时的技术录像，充分反映出当时各界人士对于这次国家层面的武术挖掘整理工作的支持。针对其中捐献的文献资料，一九八六年时任国家体委武术研究院院长的徐才先生在全国武术挖掘整理工作总结表彰会上明确表示，要把这批文献资料收藏好、利用好，今后的工作重点是整理、研究，准备制订科研计划，以此提高武术研究水平，他还特别强调，『不能把这些宝贵资料放在柜子里尘封起来，要通过整理、

〔一〕徐才：徐才武术文集，人民体育出版社，一九九五，第二四页。

研究发表出来。』〔一〕

应该说，武术界广大人士在为这三年武术挖掘整理工作取得的成果感到高兴的同时，更为当时国家体委武术研究院领导提出的利用好这批武术文献资料的设想而深受鼓舞。因为，如果说农耕社会中传统武术的发展主要靠一种原发型的实践积累，那么进入近代社会后，其发展方式就要求转变为在理论观照下的主动推进。记得一九八六年四月，时任国家体委主任李梦华先生曾说过这样一段富有见地的话：『我国目前开展着四五十个体育项目的活动，其中包括武术。可以这样统计体育项目的数字，但这并不标志着武术位置是四十分之一或五十分之一。可不可以说它在体育中应占一半的位置。』〔二〕无疑，李梦华先生所谓的『一半』，当是指武术特有的历史文化。武术之所以不同于田径、体操、球类等运动项目而能单独成为一门具有自己的研究范畴和自成畛域的学术领域，也就在于它自身特有的历史人文背景。令人遗憾的是，长期以来的文献资料的匮乏以及相关研究的不足，已成为严重阻遏包括历史、文化在内的整个武术人文社会学科研究纵深发展的一个瓶颈，如不加以克服，显然不利于中华武术在新的历史条件下的发展；如长此以往，拥有『统之有宗，会之有元』的中华武术文化根脉就会逐渐发生动摇，中华武术的精神家园就会因此委顿！

众所周知，从事以历史学为基础的人文社会学科研究，文献史料是关键。对此，梁启超在中国历

〔一〕徐才：徐才武术文集，人民体育出版社，一九九五，第六一至六六页。
〔二〕徐才：徐才武术文集，人民体育出版社，一九九五，第九一页。

史研究法一书中曾有一个形象的比喻，他说，治玄学者与治神学者无须资料，不必以客观公认的事实为依据，而治科学者，无论是自然科学还是社会科学，『罔不恃客观所能得之资料以为其研究对象』，各学科也莫不将史料建设作为理论研究的首要任务。

近代以降，民国时期著名武术史学者唐豪编撰出版了他『殆费十余载』搜寻考订的中国武艺图籍考，该书对一些古代武术文献条分缕析，可谓是我国武术文献整理与研究的开山之作；国家体委于二十世纪五十年代，组织人力整理出版的七册中国体育史参考资料中也有部分关于武术史料方面的内容。但自此以后，武术典籍在相当长的时间里一直没有得到应有的重视，几乎成为一个武术界少有人问津、文史界又无人涉足的学术盲区。直至二十世纪八十年代中期，随着武术理论研究的展开，有关武术文献典籍的整理才引起一些学者的关注。如有人点校了戚继光的纪效新书（一九八八年），有人出版了正宗少林拳经（一九八八年）及增订手臂录（一九八九年），还有人整理、注释了太极拳谱（一九九一年）等。十多年中，武术文献典籍的出版数量有所增加，如山西科技出版社与北京科技出版社陆续出版了多种类型的武学丛书，如『老拳谱辑集丛书』『古拳谱丛书』『国术丛书』等，人民体育出版社出版了中国古典武学秘籍录（二〇〇六年）和易筋经四珍本校释（二〇一一年）等。尤其是二〇〇八年至二〇二四年间，由中国书店影印出版的民国国术期刊文献集成和百册之巨的中国武术大典，由台湾逸文武术文化有限公司影印出版的清代易筋经珍本汇辑和齐鲁书社出版的中国古代武艺珍本丛编（上、下辑）及明清武术典籍珍本辑释，二〇二四年初由北京体育大学出版社出版的民国武术文献选刊等，最为引人注目。应该说，这些武术文献的刊印对于武术文献的整理乃至相关研究所起到的作用，是不言而喻的，它们为武术学科的发展注入了新的活力。尽管以上诸书大多为文献汇集，系统整理者少，深入研究者更少，有些文本的校释还存在这样那样的不足，但任何学术领域的形成、成熟总有一个过程。值得肯定的是，武术文献的整理、研究在摆脱了长年的沉寂后终于有了启动。

对于现藏于国家体育总局武术研究院的四百多份本文，在二十世纪八九十年代，因研究之需，本人曾有机会阅览过两次。这批文本品相不一，按其形式分为刊印本与抄本两种，其年代横跨古代（清代）、近代（民国时期）和现代（一九五〇年后）三个时期。而其内容更为驳杂，其中大部分为记述各类拳械技法技理的拳谱图籍，也有早些时候各地出版的武术刊物，另有一些医治跌打损伤类的药方集，还有旨在强身的导引功法类汇辑，其中甚至夹杂数本诸如西洋拳术及空手道之秘诀等非武术类图籍。

文献典籍是中华文化的重要载体，它记录了中华民族的辉煌历程，并延续着中华民族的精神和文化血脉。然而，前代文献的种种价值，只有通过整理、阐释与研究才能得以体现，这是对『存储于原载体材料上的内容进行一次再转移与再迁徙』〔一〕，本身也是一个文本经典化的过程。对于国家体育总局武术研究院现藏的这批文献，也当作如是观。为此，本人曾以口头及书面形式，多次向国家体育总局武术研究院主管领导建议：尽快遴选有关专家来整理、注释这批文献，使其发挥应有的价值作用。经国家体育总局武术研究院领导认真研究，同意了本人的建议，决定点校四百多份文本中的抄本部分，

〔一〕耿相新：中原文献整理史稿·序二，载王钢中原文献整理史稿，中州古籍出版社，『序二』第三页。

并召集了包括本人在内的来自有关高校的一共六位专家，汇聚武术研究院，经过查阅、讨论，剔除十八份破损严重、字迹不清或无甚价值者，最后确定将甄选出的一百一十三份抄本纳入点校范围，同时委托北京体育大学出版社出版。两年后，除少数文本外，点校工作初步告一段落，国家体育总局武术研究院为此在河南登封嵩山少林寺武僧团培训基地召开了点校工作会议。

时光荏苒，数年后国家体育总局武术研究院有关负责人与我联系，希望能在之前选出的一百一十三份抄本的基础上精选出更具价值的文本，争取尽早完成点校工作，交付出版。接到任务后，我斟酌再三，确定重点点校一百一十三份抄本中的三十四份三十一种清抄本〔一〕，并题名曰『中国武术研究院院藏清抄本校释』。点校文本与点校方案经国家体育总局武术研究院领导同意后，即与郑州大学体育学院有关方面洽谈。之所以选择郑州大学体育学院来承担此项工作，是因为我五年来带领的该校课题组，刚顺利地完成了国家社科基金项目『明清少林武术古籍珍本的整理与研究』。〔二〕由这样一个较为成熟的学术团队来承担这项点校工作，质量上应该是有保证的。

在郑州大学体育学院领导的大力支持和全体团队成员的不懈努力下，中国武术研究院院藏清抄本

〔一〕三十四份清抄本，绝大多数留有年代信息，有的则由当时捐献地的相关部门出具证明，也有些无时间记录，而是依据抄本中图文风格判定，如少林拳棒枪刀谱、文武修等。

〔二〕这批明清少林武术古籍珍本，被齐鲁书社以『明清武术典籍珍本辑释』之名申报并成功入选二〇二二年度国家出版基金项目。该书于同年九月正式出版，并在二〇二三年五月荣获全国古籍出版社百佳图书（二〇二二年度）二等奖（该奖前身为『全国优秀古籍图书奖』），这也是武术学界在古籍整理出版方面的首次获奖。

校释历经十个多月时间，终于如期完成了。在讲好中国故事、弘扬民族文化、实现中华民族伟大复兴的今天，中国武术研究院院藏清抄本校释的付梓出版，当然有其多方面的社会意义。

首先，有清一代是武术发展史上的重要时期，也是古代各种武术著述蜂出并作的年代。通过对这批武术抄本的整理、注释，可以从一个方面梳理清代武术历史文化的基本概况，从而为今天的武术理论研究提供『考镜源流』的史料支撑。

其次，对于这批清代武术抄本的整理、注释，可以使中华武术的非物质文化遗产保护究竟应该『保护什么』更为清晰。同时，按照我国法律规定，武术文献本身也是中华武术非物质文化遗产保护的重要组成部分。因为『将古籍的保护纳入到非物质文化遗产的保护中非常重要，这将会形成一个完整的非物质文化遗产保护观』〔一〕，有利于非物质文化遗产项目的整体保护。

再次，这批清代武术抄本均为首次面世的珍本、孤本，具有很高的文献价值。这一方面极大地丰富了武术文献体系，对武术文献学的建立具有重要学术意义；另一方面，对相近的历史学、文化学、民俗学等研究，也有其自身的学术价值。

最后，按文献学要求对这批清代武术抄本进行整理、注释，其规模之大、内容之繁，在当代武术学术史上尚属首例。这既是对古代武术文献校释范式及学术路径的有益探索，同时也为推动武术文献学发展和繁荣我国武术理论研究起到积极作用。

〔一〕方李莉：应将古籍纳入『非遗』保护，中华读书报二〇一一年八月三十一日。

值得说明的是，在对这批清代武术抄本的校释过程中，发现有四个需要注意的地方，这恐怕也是不少清代武术抄本的共性问题：一是与传统的经、史、子、集图籍相比，这批武术抄本绝大部分无论是其版式还是绘图、书写，都显得较为粗陋，加上某些字体书写不规范，有些又过于潦草，故辨认较难；二是由于武术技艺是种动态文化，故抄本中记录的有些拳理技法今天可能已发生较大变化，有的甚至已失传，另外，文中夹杂的一些方言俚语及隐喻等，也较难理解；三是有些抄本中开列的药方，因条件所限，目前尚难甄别；四是由于在长年的流传中，一些抄本页码错乱的现象较为严重，需要参照其他相关文献加以校勘厘定。

『钩沉稽古，发微抉隐』的武术文献整理、研究是一项需要『坐冷板凳』的工作，这在武术界尚属起步阶段。所以，尽管课题组成员对此三十四份三十一种清代武术抄本本着打造『学术精品』的责任心反复核查、审阅，但必然存在一些舛误错谬之处及不尽如人意的地方，祈盼读者不吝教正，以共同推动我国武术文献学科及武术理论研究的不断成熟和进步！

周伟良

二〇二四年六月记于杭州寓所

校释凡例

一、本书整理、注释的中国武术研究院院藏清代武术抄本，均为首次面世的珍本、孤本，方法上难以用对校法进行互校，故而有的采用内容相同或相近的文本进行他校，也有的依据文中前后语义抉摘其异同；而对文中所著录的相关典籍资料，则采用原书进行核校。

二、所校释的每种文献都有一篇提要，简述有关该文本的版本特点、编撰（抄录）者基本情况及内容梗概等。

三、校释中所引用的符号：

（一）凡［　］中的内容，为校勘出的脱文。

（二）凡（　）中的内容，为对校勘出误文的修改。

（三）凡〈　〉中的内容，为校勘出的衍文。

（四）凡【　】中的内容，为原文本中的小字或注释。

（五）原文中所缺佚的文字，一律用□标出。

（六）如校释中文义相通而文字有异者，依原文本；如两文本文义相异，则在注释里予以说明。

（七）文本中的俗字、异体字，一律按今通用字，视情况酌情注明。

（八）对于文中难以辨识的字，则按原字剪贴注明。

四、对于一些抄本中的页码错乱现象，则按其前后内容及参考有关文献图籍予以厘定纠正。

五、本书在校释过程中所引用的今人研究成果，均注明其出处，以备查考；对于一般性古籍文献，为节省篇幅，仅注明年代、作者及文献名。

目录

绘图罗汉短打变式／一

绘图罗汉短打变式影印／三

绘图罗汉短打变式校释／五九

绘像罗汉兵刃全式影印／八五

绘像罗汉兵刃全式校释／一四三

增补罗汉行功短打通解／一七五

增补罗汉行功短打通解影印／一七七

增补罗汉行功短打通解校释／二一九

绘像罗汉行功全式／二四三

绘像罗汉行功全式影印／二四五

绘像罗汉行功全式校释／三三三

武拳势四则式／三七七

武拳势四则式影印／三七九

武拳势四则式校释／四一七

绘图罗汉短打变式

提要

绘图罗汉短打变式，一册，共两种，抄本，字体行楷相间，无版框。谱中未记载抄录年代及抄录者姓名，从抄录的笔迹看，显然非一人完成。此谱一种为题有『升霄道人重集』字样的绘图罗汉短打变式，另一种为绘像罗汉兵刃全式，其内容诸多地方与咸丰五年（一八五五）抄本罗汉行功短打及二〇〇九年山西科学技术出版社出版的少林衣钵真传相同。据谱中图文内容及与前代相关文献比较，可判定此谱为清晚期抄本。此谱于二十世纪八十年代在武术挖掘整理活动中被捐出，但未留下捐献地及捐献者姓名等信息，现藏于中国武术研究院，院藏编号为G852.4-10。

绘图罗汉短打变式的内容为拳法，前后共绘有五十三幅图，其中既有单人技法，亦有两人格斗的图示，各图上方题有歌诀。绘像罗汉兵刃全式的内容为各种器械。值得注意的是，其卷首部分除有『少林集』三字外，还有句云：『诸家手法甚有益，总是少林重删集。』文中介绍的兵械分前后两个部分，前部分主要有枪、刀、剑、戟、鞭、锤、抓、槊、镗、干、戈、丈、叉、铲、棒、斧等，有图有诀；后部分则集中介绍了少林六合棍，共绘有八幅棍法图，每幅均有动作名及文字注释。最后一部分主要论及气功修炼，以及与练功相关的人体经脉、节气时刻等。

绘图罗汉短打变式影印

繪圖羅漢短打變式

升霄道人重集

二步和双手，圈鎚兼鈀肘。搬肩单起膝，頭鎚用採手。拔步亮身撞，勾摟進盘肘。面掌取掛耳纏撊砍瑣口。提兩肩、甜兩闭，迎面起双手。順步進撩陰，見剛臥，偷手，双指取眼當，螳螂打瑣口。

纏封推双掌誘、步貼
壁迎面闖，鈍肘須磕
肘，倚擋招上下，曲膝下
底，堂纏擒打鎖口左右
用磕手，順步入双錘底
漏。採手蝎脇肘。四身
即忙走。翻身入蹬腳。挑
手取心窩。纏勾打对膝，
四门緊封閉。此势却能四方
八面又有寸倆丈之妙着也

一兒太山壓頂洩手抱頭
直統再兒人中鎖口回
馬纏腰即是入兒眼窩
耳門挑手入心手对心反
太极兩闭合手趙手撲
地再兒脇内肺腑闭
撬肉掛硬撲文兒高骨
撩陰截手加手踏多兒手取对膝回
马側拨杵要日后人神照譜留究理

三步窩裏刨

两脚並立窩裏刨，出手入手点穴道。春秋四季按時刻，旬手摟手双手採。陰陽全在子午穴，两背晝夜有二潮。陰居尾閭有二十四，陽在胸摟十二毫。

四步双棍将

燕子啅水双棍将，眉頭下掌撩陰脚。破崩實插入盤肘，底漏火人加崩閃。進步纏封双掛月，中心見手印摔将。回馬一步倒棍拌。抱頭窩肘裹外砸。

崩闭双提取脑眼，插下撩阴心窝点。即磕盘肘穿腿锤，闭住贴门四方捶。崩闭最恐藏花掌，撲按收闭起搬眼。倒提最恐连不肘，遇見撑将中门送窝。肚须用 崩插锤，採手缠封双月捶。提步蹲分黄龍捶。

五步铁门闩

投偏提步铁门闩，四封四闭迎面蹿。罗只敢虎胫骨，遮前揹後野马躜。猛虎急食撲双爪，海底偷桃加拳翻。鹞子返身闪一步，底偏顺手扛羊牵。

貫耳代封閉採文底漏尖文迎面走，若是底堂取佛腿，勾掛翻身疊盤肘。採肘只風用崩捶，扣住双手回馬走。順手牽羊蹬撲跌、翻身倒插垂楊柳，座拳还原處，步双扣手。

六步黄龍擺

黄龍翻身忙擺尾，提步蹲身莫心慌。滚漏叠肘起双掌，螳螂撲蟬双手擒。擒手入拳迎面闯，起膝頭鍵纏勾腿。拔手戳掌扣膝跳，恰似大海龍安水搖。是風拳迷魂拳，順步起膝点貫尾。

崩捶原是慳鄉出入手回手
加貼壁。內步只用彼手扣貼
门，反身打对膝。頭錘须用还
底势。偏襠撩陰轉身起。
坐肘攬馬点，合手連步
取。出手回手連三偏，硬崩
伏底霸王举。提步轉身
内一步，四方八面莫心急。

十步螳螂打，砍掌劈上下。搂步横拨掌，顶锤翻回马。边勾单趟膝，野雀蹬海底。入步填腔锤，坐肘取揽马朝天。一炷香，左右回捧花。卧肚扣拨锤、翻分螳螂打。回步十六连，野马膝单拳。取上却打下，擂段印指，前指东要打西，打北西朝南。四方八面敌心会难之传。

入步，閃搭佔撲摟裏撻外撻通腋下。合手扣手肘磕肘，揉手粘手入拿手。挑手截手回馬走，底漏採手蹬肺腑。摟閉單入肫肘，撲下左手入盤肘。入步起手左右撻，纏腰連步四身走。貫耳反後連三掌，纏身前後窩肚肘。

七勢之總變

蹤步起手貫耳掌代封
採中迎面闖貼門塞是
堪堪諺蝎腦左右棒花代
若下懷取對膝提步
蹲身倒提拚穿腿通
拳翻身起代封肘倚
手之別名林林文其中
變化無窮直統到底
漏難當底漏是取
中門之妙法

挑手遮势直取底漏尖
又双手举出字蹁腿连
三遊破崩实插内佛跌
上下四门紧闭偏字中
门力势崩抛与崩阔
杨同直势须要行到
底走底进翻取当顶
此字法乃打上而指下
打下而取上之要诀也

入步出手单赴月，兼步
偏手入统蔡须用前手
跟後手，迎步出手起旋
眼。入步连迎肘，挂耳加
缠捆。偏手起手打頸口，
搬肩起膝连步肘。底漏
探手協妙差，内賺腾
那反手走。

燕子双飞伏井底困龙
出势翻身太起。鲤鱼
翻身大劈盆，顺子投
井盘腰胯。陈拉大团
十八綑鹰拿燕雀连
九滚。野马上槽阴对
除大雕挂翅翻身转。
青龙摆尾翻身闪。

迎面出手跟彼手，用手入拳进步肘。踏住脚彼点对膝，出步一步海底偷。起膝踢撩阴招，下打上回步走。夜人捺海怆翻，步一步揀腕，回步走。精步须用究抱头，磕肘砍肘起彼手。

贯耳拖手采回掌，撲按
反正硬门闯。捶膪破腿
膝破膝，拽步挠分只两撲。
翻分换势缠封打，一进一
退有存徒究。漏四分闪一
步，截手撲按宜不爽。抽梁
还柱不底势，十字捶花撲
地战。踹肩一着搁尸跌，
反分只，司小骷髅。

野馬上槽直边膝臁、
開中門鼻梁坦。從上
到底一條線、双手抱
頭放心寬。於左迈右
似擂鼓、挑手伏地翘腿
脚湾。直出撑搓抓跟底
朝天一炷黄龍翻。滚
漏統拳裡外磕、扣住
双手緊閉關。

柔中生刚双手带，反
车螳螂是一派。就地
使筒鹰踩脚，蒙身
提屁用大埋。出手内
藏小蹅腿。回手入子
怅不快、出手顺步反
背。掌白雨洗脸莫乱
怪。大触欺小小制大力。
着千金 赛 一赛。

骑馬崩錘忙扭腰，反身扣
手取眉捎。拿封閉田身
内崩起肘胃肘对腰满身撲
地取脚骨提肩膀肋侧搬捎
拿封閉四個跌滚盤又加
野馬蹄回身全要陰陽掌、
抱頭左肘取心光。螳螂交手
左右劈，挑肘盤肘盘搬眉。
頭錘起膝取窩遍，野馬
翻身面朝天，鷹拿燕雀連
九滚，燕子展翅左右翻粘
衣脚有十八跌，恍悠後学志不堅。

抓住天根打兩肋，行手全仗一口氣。鯉魚穿腿取腦眼，蹲身回手點太極。起步倒提分時刻，蹲身坐膝香一炷。搬攔都用纏纜手，裡纏外纏塞難敵。棱手須用反車打，右跟螳螂還嫌遲。

跎步入手双趕月，崩挑
探手取两膀。顺步缠封
入单手，左右盘肘霸王
捶。回手直劈螳螂打，
後带反车谁敢滅。顺
手直用锁口掌，恰似分
金同截脉。左右根封裡
外花，指点人口疾忙缴。

硬崩宜插大剪袖四封四闭扯扳腰。分开中门心窝点，闭手连三宜难招。出手四步变手扣，风摆杨柳树叶飘。手脚纵熟似闪电，直统砍掌赛镰刀。强中自有强中手，功成艺就莫心高。

纏攬滚漏取胸骨，蛙蹄砍劈左右撲。撲跌金剛纏勾腿，回馬纏腰迎面撲。前手即忙跟後手，取上打下鸞鳳舞。崩閘左右疊奴肘，眼窩出指行單手。回封四偏回身。順步蹲身海底衝拳，漏裡門轉外門。叢底藏花偏反手。提步拿手扣雙手。迎面揮弓左右肘。搬肘碰肘回身起。翻身入加蛙蹄打砍劈封偏反還手。提步蹲身撩陰腳，底掌貼門燕子啄內。穿雨即擒挑，一步六回最為要。

双手抱头下底势，打下取上全
为力。左右翻为蝎胁肘，起膝
点肚两分开。全是阴阳两不
接，二取太阳却有趣。反为扭腰
踪一步。左右回为取太极，捉步提
採双手擂踭，为捉步缠句胍翻
为又加倒倒捏拃抓，往撩阴，拳手勺。
捏肩发为捶一跌，截前搂后肚
即取。要快全坚行，留寸偏寺经
莫心急，回手连步双手扣，全
是抱头翻身起。

軟如花臍破碎鐵，習成如
滾十八跌。跌小一根通背
背，天地生物塞不測。三十
六回反車轆，螳螂手法
無盡說。跌打擒拿入手
化遍身三百六十節。三四
力精難通盡，七老八縫
無休歇、

若見底莫心急，
左右掛面踢脆膝。
一步蹤跳双字扎，
四封四闭分左右。
四角入步壓肩頂偏手，
入拳迎面挖衣漏挑
手取兩間，直取撩陰兩
手丢。抱頭短肘鐵門閂。
点破人中生棋觀。

順步摟攬搬肩跌，抵肘蹬撲硬似鐵。反手倒扳垂楊柳，格攔翻車十八跌。打擒拿要緊，切底漏出大雙扣手。立摔千金，取骨節，鬧裡奪擄無難處。要訣，總是蓑盖血。順步崇手單展翅，順子投井獅子蹦。海底取寶忙剔肩，順步摟脘兩臂抱。就地左右十字盤，鬧合收閉無休歇，盡心求教教名友，何愁不成截脈等。

太山壓頂似崩極，抛肘合坐取上下。四手一步倒提靠直取高骨忙搭架、天根月窟陰陽轉、提膝點肚奚心怕。左右揀若下底勢即怕尾閭陽下廿四節水火周體，盡反身大勢亂。

出步直统连步走揽，是前手跟发手。翻步变势螳螂打，阴阳两门换偏手。转步切加里外缠，迎风过脑连还肘。回马捷行缠膝步，破崩穿撞取锁口。左右盘旋倒捲卯，上下撞跳揀马肘。铸身屈膝忙蹂跳，捷是反手两分手。

出手缠绕对后心、四封四闭
打双根。收步缠封推双、掌撩
阴起脚忙出身。转身一步压当
顶，各有路途不怕废。常封十字
摘馬打起、膝踢肚兵、两手缠
绕倒抱转身走摆、是翻车
莫呻吟。遍身手法随心
入仰，怒兵粗力千斤。

順步入肘点肘偏，奥妙無窮內藏多。抛肘盤肘左右根扣住，双手疾如梭。扳步全是纏勾腿，裡碰外碰海湧波。转身直出纏封掌，恰似尉遲下馬坡。子建鋳頸打剛封。四方八面似滚鍋。

双手过脑点髋馬、
順步翻車螳螂打。
翻身撲地鴛鴦腳，
斧手無情休當要。
護耳印破鴛鴦腳。
挑住撩陰似刀劈。
兩耳扇風方能破，
變化無窮這不假。
柔陡生剛又生柔，
却有八打八不打。

挂手破骨倒搬精，
挾肋直繞打纏腰。
回手纏纜破骨打，
海底撈月月光高。
拿住腳灣破骨跌，
順子投井兩腿支。
底背滾連賽車輪，
這是通家也難拔。
滾連不同反車轄。
蛙腳撲蟬捌稱刀。

顺步偷手加蹬撲，
掀闹耳后打肺腑。
两手揲把就一着，
尾门過闹賽狂風。
反身力劈尾涮代、
走雀蹚枚取高峭。
蹬步起懈策闹脱，
鶴不久修鸾凰舞。
似掌入步貼壁裳、
顿步頸拿鳴天鼓。

尧力跷跳逞难敌，
疾如蹿投还嫌迟。
挑闸腿后应锁口，
美女照镜更出奇。
力劈中门缠膝打，
状地蹲为猫扒地。
内藏字法说不尽，
底书共有八不齐。
如点人神按日数，
编为行走上下踩。

蹤步直绕取胃婉，
栽手挑起双月趕。
鸳鸯交颈缠白腿，
底漏肯陶洗佛脸。
並起双錘打底势，
白挂拔行渡雨门。
鹞子反为大鏄頭，
刘公挑鐙踢佛眼。
数要点血之节气，
縱会之全心不满。

抓住手腕肘点肘、
崩闸穿腿跟後手。
底漏尖叉座擒拿，
要诀全是双折手。
当胸直挺一骨力，
出手回手跌双肘。
撇肘崩锤取脑眼，
挈肘托肘用採手。
横竖急闲四封闭，
取上打下回身走。

力勢華山破似跌西字
抓住蹬撲跌。搭拚撣掏
入按捶，反車轆轤走
小·怯回手又加小蛙跳，一反
一後無休歇。要翻身斜
四平，連拳七勢美可測。
青龍擺尾縣一手，一步
跌倒兩不接。前打風
梢回背偏，撐腿敲根
叢身跌。

崩梃反車变通拳、
出手搓肘用缠缆。
勾挂拦肘破盘打，
双锤过膝掀连环、
一手抓住来腰带，
后有蹚脚去扑蝉。
肘后直用一口取，
反身回手倒取卵。
下腰曲膝大搂提，
疼怴跺跺跳又九九。

抓住天根闾腰眼，海底捞月鲤鱼翻面。水撲地嘴啃土、拔步起膝肚门点、這个招身那个滚，野馬上槽取帅膝。蹲身抱頭窩肚打，回手取卵陰上險。拦步須防双捉将，翻身上下急須招。三十六回反手種变化無窮任意選。

原是崩捶小纏封，隨手入手生不空。若能纏繞格裹出方有與人定輸贏。七十二迴遍多点，側定去要复共敵拳。出方持方八面鏈，鉄門緊，闭加纏封。跌打擒拿入手化，变化無窮人人驚。搓是出六三十六，欲見真持兩相應。

倚强欺弱情不順，拿住手腕破骨擒。挨有跌打續在後，能破此勢人上人。一手抓住天邊月，扳倒泰山不嫌陳。纏繞一步四方轉，搖動兩柄賽車輪。內弓八打八不打，柔能生剛功要練。本是少林傳世譜，和尚偷習武收存。

隔山拔樹臂拗膝，扭梁拔柱翻身起。長短不齊忙動手，上三下四打到底。搖去螳螂翻車打，麻如路棱急上急。入步破掌貼壁靠，十字按肩起頭臁。奴來抱頸大底藝，左右摔擒疾北出。四封四閉人字步，採手跌肘擦陰踢。惟恐後學志不堅，有始無終搖不必。

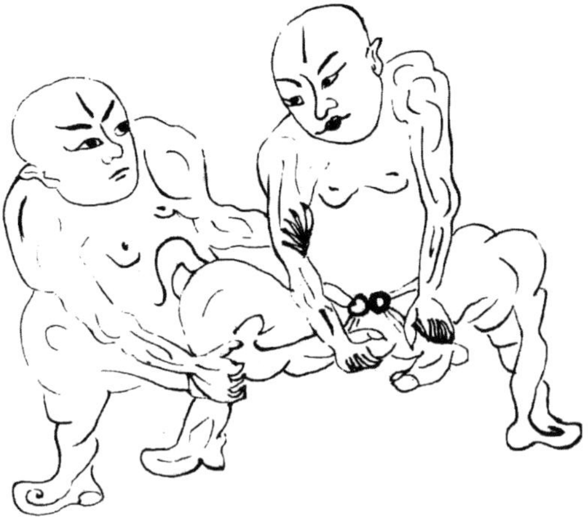

抓住擒拿我當先，撥開手腕迎面踩。細拿不得重手打。挑手入肘不一般。跌肘崩錘迎面掌，挑起直取鉄门渕。傷肋入拳連三寸，探手反背望不要。迎面接手双手挑，蹲步頭捶放心寬。下膝屈膝打底勢，纏繞一步野馬踩。

偏手取枝下，擒拿破骨打。上膝两手闹，善分取横马。别步擦阴脚。左右判棟花。返分双挑将，底漏塞不差。四手压背项，过脚膝打下。螳螂返車捶，休嘗是玩耍倒提标花头，直统崩捶。四手双手拟，铁门更不差。霸王硬上弓，迎面直使叫遗。死手拿活手，接手闲擒手。

下腰拴腿似蜡蚣，上下抓定只一统、須要揀脱反身滚，恰似燕雀去投井。由你仗冬千斤力，跌打撬拿土一缆。翻身却有李盘，如同猛虎下山嶺。却有粘身十八跌，惟恐習学了不整。反身只是青龍擺，抱頸底堂连步统。

摇闩双搂似車輪，入步双手十字擒。拍腿勾腿鴛鴦脚，胸肋直统根木沉，翻身出手蛇蟠打，獅子張口大开门。转身伏底偏两肋，十字捆搂塞罩人，四封四闭横竖伐，遮前挠後左右巡。缠绕一步帖踪跳反身力劈开四门。

眉頭先下掌，截手印双拳。四方双
根将，左方十字盤。流星双赶月，四馬
倒踢卯。取山酒下打，獅子擒玉環、
抱頭取月窟，棒花不待慢、李方
印踪、跳，前拳跟后拳。转方打底
堂，摔打取两面。指东却打西、
打北面朝南。遍身上棲、四方
打八面。摇是反手纏蝶，蝴
更周全。要学截脈賽，必凡
少林傳。

叢勢原是通背掌，排手直取頦下閘。四手截楷打心窩，十字橫馬加螳螂。撩行出勢閃一步，順勢纏腿根不爽。搭肘擎天打兩閉，拔肘崩拖是勉強。偷手四手連步捷，裡外纏繞口、兩攬。

十字拣手莫心離，抓住筋骨岂輕微。捧开搓按妙不尽，抓腰拣衣加崩插。入步抓住千金骨，金丝缠搓疾擒拿。臆裆须削一双双中，孔離予金拿不下。最忌搓搓後，一着伤筋动骨亂如麻。

纏封一步破骨打，兩腿掙開仍跨馬。跨住脚后膝點膝，抽梁還柱崇假。出步吸、步穿腮捶，双手抱頸、左右捶。打下起上反手轄，底漏肉膝、蛙脚打。肘膝頸捶腿手入，再定八打八不打

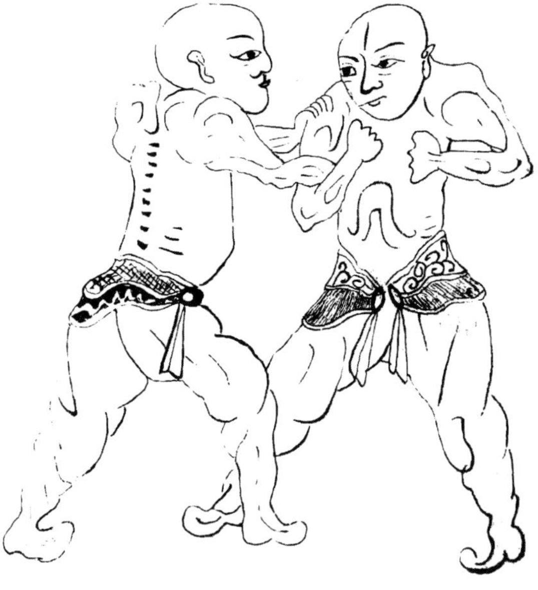

绘图罗汉短打变式校释

绘图罗汉短打变式

升霄道人重集

二步扣双手，圈锤兼钝肘。搬肩单起膝，头锤用采手。拔步靠身撞，勾搂进叠肘。面掌取挂耳，缠拦砍琐（锁）[一]口。提两肩，甜[二]两闭，迎面起双手。顺步进撩阴，见刚即偷手。双指取眼窝，螳螂打琐（锁）口。

缠封推双掌，拔步贴壁迎面闯。钝肘须磕肘，逼裆招上下。曲膝下底堂，缠拦打锁口。左右用磕手，顺步入双锤。底漏采手蝎（挟）[三]胁肘，回身即忙走。翻身入蹅[四]脚，挑手取心窝。缠勾打对膝，四门紧封闭。

〔一〕琐，据文义，当作『锁』字。后同。

〔二〕甜，山西科学技术出版社出版的少林衣钵真传（后文凡引此书，简称少林衣钵真传，不再注明版本）亦作『甜』字，咸丰五年（一八五五）抄本罗汉行功短打（后文凡引此书，简称罗汉行功短打，不再注明版本）作『聒』字。

〔三〕蝎，据文义及后文，应为『挟』字之误。后同。

〔四〕蹅，意为『踩，在泥水里走』。

此势却能四方八面，又有寸逼丈之妙着也。

一见太山〔一〕压顶，双手抱头直统（捅）〔二〕。再见人中锁口，回马缠腰即走。入见眼窝耳门，挑手入手对心。复［见］〔三〕太极两闭，合手趟手扑地。再见胁内肺腑，开播〔四〕勾挂硬扑。又见高骨撩阴，截手扣手蹲身。见手取对〔五〕膝，回马倒提杵。安日占人神，照谱穷究理。

三步窝里刨〔六〕

两脚并立窝里刨，出手入手点穴道。春秋四季按时刻，勾手搂手双手摇。阴阳全在子午定，两肾〔七〕昼夜有二潮。阴居尾间有二十四，阳在胸搂十二毫。

〔一〕太山，出自谏逐客书，即泰山，位于今山东省泰安市。

〔二〕统，据文义，疑为『捅』字之误。后同。

〔三〕见，据少林衣钵真传所补。

〔四〕开播，罗汉行功短打作『间插』。

〔五〕对，罗汉行功短打作『肘』字。

〔六〕刨，少林衣钵真传及罗汉行功短打皆作『克』字。后同。

〔七〕两肾，少林衣钵真传亦作『两肾』，罗汉行功短打作『两臂』。

四步双棍（掍）〔一〕捋

燕子啅（啄）〔二〕水双棍（掍）捋，眉头下掌撩阴脚。硬崩实栖〔三〕入盘肘，底漏尖乂（叉）〔四〕加崩阁。进步缠封双赶月，中心见手即摔捋。回马一步倒掍（提）〔五〕杵，抱头窝肚里外磕。

崩开双掍取脑眼，掗下撩阴心窝点。即磕盘肘穿腮锤，闭住〔六〕贴门回身转。崩阁最恐藏花掌，扑按收闭起护眼。倒提最恐连还（环）〔七〕肘，遇见摔捋中门返。窝肚须用崩掗锤，采手缠封双月赶，提步蹲身黄龙转。

五步铁门闩

投漏提步铁门闩，四封四闭迎面蹿。回身只取虎胫骨，遮前挡后野

〔一〕棍，据文义，应为『掍』字之误。后同。
〔二〕啅，据文义，当作『啄』字。后同。
〔三〕栖，罗汉行功短打作『掗』字。
〔四〕乂，据文义，应为『叉』字之误。后同。
〔五〕掍，罗汉行功短打作『提』字，当是。
〔六〕闭住，罗汉行功短打作『开住』。
〔七〕还，据文义，应为『环』字之误。后同。

马欢。猛虎急食扑双爪，海底偷桃加拳翻。鹞子返（翻）〔一〕身闪一步，底漏顺手把羊牵。

贯耳代封用采手，底漏尖乂（叉）迎面走。若见底堂取虎胫，勾挂翻身叠盘肘。采肘只得用崩捶（锤）〔二〕，扣住双手回马走。顺手牵羊蹬扑跌，翻身倒拔垂杨柳〔三〕。原拳还原拳，入步双扣手。

六步黄龙摆

黄龙翻身忙摆尾，提步蹲身莫心诲（悔）〔四〕。滚漏叠肘起双掌，螳螂扑蝉双手挡〔五〕。逼手入拳迎面闯，起膝头键（锤）〔六〕缠勾腿。投手砍掌即蹿〔七〕跳，恰似大海龙安（耍）〔八〕水。总是原拳还原拳，顺步起膝点赍尾。

〔一〕返，据文义，应为『翻』字之误。后同。
〔二〕捶，罗汉行功短打作『锤』字，当是。
〔三〕翻身倒拔垂杨柳，典出水浒传第六回『花和尚倒拔垂杨柳』。
〔四〕诲，罗汉行功短打作『悔』字，当是。
〔五〕挡，少林衣钵真传作『擂』字。
〔六〕键，罗汉行功短打作『锤』字，当是。
〔七〕原文中的『跢』字为『蹿』和『撺』的俗字，以下据文义校释，本卷中不再注释。
〔八〕安，少林衣钵真传作『耍』字，当是。

崩捶原是螳螂出，入手回手加贴壁。闪步只用双手扣，贴门反（翻）〔一〕身打对膝。头锤须用还底势，逼裆撩阴转身起。坐肘揽马点合手，连步取出手。回手连三逼，硬崩伏底霸王举。提步转身闪一步，四方八面莫心急。

十出〔二〕螳螂打，砍掌劈上下。提步积双掌，头锤翻回马。边勾单起膝，野雀蹬海底。入步填腚锤，坐肘取缆（拦）〔三〕马。朝天一炷香，左右用插花。卧肚扣双锤，翻身螳螂打。回步十八连〔四〕，野马骖单拳。取上却打下，挡后即招前。指东要打西，打北面朝南。四方八面敌，心会难言传。

入步开挡忙扑按，里磕外磕通胁片。会手扣手肘磕肘，采手粘手入拿手。挑手截手回马走，底漏采手蹬肺腑。搂开单手入肫肘，扑下左手入盘肘。入步起手左右磕，缠腰连步回身走。贯耳反复连三掌，蹲身前后窝肚肘。

〔一〕反，罗汉行功短打作『翻』字，当是。后同。

〔二〕十出，罗汉行功短打作『七步』。

〔三〕缆，据文义，疑为『拦』字之误。后同。

〔四〕十八连，罗汉行功短打作『七八连』。

七势之总变。

踪（纵）[一]步起手贯耳掌，代封采手迎面闯。贴门实是堪夸，蝎（挟）胁左右插花。他若下腰取对膝，提步蹲身倒提杵，穿腮通拳翻身起。代封即『逼手』之别名，采手其中变化无穷。直统（捅）非底漏难当，底漏是取中门之妙法。

挑手通背直取，底漏尖乂（叉）双手举。出手蝎（挟）胁连三避，硬崩实捶白虎洗。上下四门紧闭，偷手中门力（立）[二]劈。崩捶与崩阁相同，直劈须要行到底，走底堂翻取当顶。此手法乃打上而捎下、打下而取上之要诀也。

入步[三]出手单赴月，靠身逼手入统拳。须用前手跟后手，还步出手起护眼。入步连还（环）肘，挂耳加缠拦。偷手起手打琐（锁）口，搬眉

〔一〕踪，据文义，当作『纵』字。后同。
〔二〕力，罗汉行功短打作『立』字，当是。
〔三〕入步，罗汉行功短打作『迎步』。

起膝连步肘。底漏采手胁肋拳，闪赚（展）腾那（挪）〔一〕反身走。

燕子双飞伏井底，困龙出蛰翻身起。鲤鱼翻身大劈岔，顺子投井盘腰胯。陈抟大困十八捆，鹰拿燕雀连九滚。野马上槽险对险，大鹏挺翅翻身转，青龙摆尾翻身闪。

迎面出手跟后手，闭手入拳连步肘。跨住脚后点对膝，出身一步海底偷。起膝踢撩阴，招下打上回身走。夜义（叉）探海忙翻身，一步插脱（裆）〔二〕回身走。转身须用虎抱头，磕肘砍肘起后手。

贯耳挑手来回掌，扑按反正硬门闯。插膅（裆）〔三〕破腿膝破膝，提

〔一〕闪赚腾那，据其语言习惯，应为『闪展腾挪』，乃指身法变化。
〔二〕脱，据文义与罗汉行功短打，应为『裆』字之误。后同。
〔三〕膅，罗汉行功短打作『裆』字，当是。后同。

步转身只两揣（晃）〔一〕。翻身换势缠封打，一进一退有来往。衮（滚）〔二〕漏回身闪一步，截手扑按实不爽。抽梁还（换）〔三〕柱下底势，十字插花扑地戕。踢肩一着捆尸跌，反身只用小螳螂。

野马上槽直边疹，赚开中门鼻梁坦。从上到底一条线，双手抱头放心宽。于左返右似擂鼓，挑手伏地捶脚湾（腕）〔四〕。直出摚搓抓跟底，朝天一炷黄龙翻。滚漏统拳里外磕，扣住双手紧闭关。

柔中生刚双手带，反（翻）车螳螂是一派。就地使个鹰𨀤脚，靠身提扉（眉）〔六〕用大埋。出手内藏扒踏腿，回手入手恨不快。出手顺步反

〔五〕

〔七〕

〔一〕揣，据文义，似为『晃』字之误。后同。
〔二〕衮，据文义，应为『滚』字之误。
〔三〕还，据文义，应为『换』字之误。后同。
〔四〕脚湾，即为『脚腕』，地方俚语。后同。
〔五〕此图与罗汉行功短打不同。
〔六〕扉，罗汉行功短打作『眉』字，当是。
〔七〕此图与罗汉行功短打不同。

背掌，白虎洗脸莫非怪。大能欺小小制大，力着千金（斤）〔一〕赛一赛。

骑马崩锤忙扭腰，反身扣手取眉捎（梢）〔二〕。合手封闭回身闪，崩起肘骨肘对腰。蹲身扑地取脚骨，提肩腆胁倒搬捎。合手封闭四个跌，滚盘又加野马蹿。回身全要阴阳掌，抱头在肘取心尖。螳螂交手左右劈，挑肘盘肘急搬眉〔三〕。头锤起膝取窟边，野马翻身面朝天。鹰拿燕雀连九滚，燕子展翅左右翻。粘衣却有十八跌，惟恐后学志不坚。

抓住天根打两闭，行手全仗一口气。鲤鱼穿腮取脑眼，蹲身回手点太极。起步倒提分时刻，蹲身屈膝香一炷。搬粘却用缠缆（拦）手，里缠外缠实难敌。换手须用反（翻）车打，后跟螳螂还嫌迟。

〔一〕千金，据文义，应为『千斤』之误。后同。

〔二〕捎，据文义，应为『梢』字之误。

〔三〕眉，罗汉行功短打作『肘』字。

踪（纵）步入手双赶月，崩挑采手取两胁。顺步缠封入单手，左右盘肘霸王拽。回手直劈螳螂打，后带反（翻）车谁敢灭。顺手直用琐（锁）口掌，恰似分金（筋）〔一〕同截脉。左右掍封里外靠，指点人口〔二〕疾忙彻。

硬崩实捶大剪稍，四封四闭忙扭腰。分开中门心窝点，闭手连三实难招。出身回步双手扣，风摆杨柳树叶飘。手脚纯熟似闪电，直统（捅）砍掌赛枪刀。强中自有强中手，功成艺就莫心高。

缠揽（拦）〔三〕滚漏取胸骨，螳螂砍劈左右扑。撑趾全用缠勾腿，回马缠腰迎面扑。前手即忙跟后手，取上打下鸾凤舞。崩开左右叠双肘，

〔一〕金，据文义，应为『筋』字之误。后同。
〔二〕口，罗汉行功短打作『中』字。
〔三〕揽，据文义，应为『拦』字之误。

眼窝出指行单手。四封四逼（闭）[一]回身［转］[二]，顺步蹲身海底偷。底漏里门转外门，叶底藏花逼反手。提步合手（步）[三]扣双手，迎面拽弓左右肘。搬肘磕肘回身起，翻身入加螳螂打。砍劈封逼反还手，提步蹲身撩阴脚。底堂贴门燕子啅（啄），闪开两［门］[四]即蹿挑（跳）[五]，一步六回最为要。

双手抱头下底势，打下取上全身力。左右翻身蝎（挟）肋（胁）[六]肘，起膝点肛两分气。全是阴阳两不接，二取太阳[七]却有趣。反身扭腰蹿一步，左右回身取太极。提步捉采（捋）[八]双手擂，蹲身提步缠勾腿。翻身又加倒〈倒〉[九]提杵，抓住撩阴举千斤。提肩靠身撞一头，截前挡后忙即取。要诀全要行八面，寸逼长短莫心急，回手连步双手扣，

〔一〕逼，罗汉行功短打作『闭』字，当是。
〔二〕转，据罗汉行功短打所补。
〔三〕手，罗汉行功短打作『步』字，当是。
〔四〕门，据罗汉行功短打所补。
〔五〕挑，罗汉行功短打作『跳』字，当是。
〔六〕肋，罗汉行功短打作『胁』字，当是。后同。
〔七〕太阳，罗汉行功短打作『太阴』。
〔八〕采，罗汉行功短打作『捋』字，当是。
〔九〕倒，据文义，应为衍文。

全是抱头翻身起。

软如花胎硬似铁，习成九滚十八跌。缺小（少）〔一〕一根通背骨，天地生物实不测。三十六回反（翻）车铲，螳螂手法无处说。跌打擒拿入手化，遍身三百六十节。三回九转难遮当（挡）〔二〕，七长八短无休歇。

若见底堂莫心急，左右挂面踢鹤膝。一步蹿跳双手扣，四封四闭分左右。回身入步压当顶，逼手入拳迎面统。底漏挑手取两闭，直取撩阴两分气。抱头磕肘铁门闩，点破人中实堪（堪）〔三〕观。

〔一〕小，古文中通『少』字。

〔二〕当，据文义，当作『挡』字。

〔三〕堪，罗汉行功短打作『堪』字，当是。

顺步插挡（裆）〔一〕搬肩跌，扽肘蹬扑硬似铁。反（翻）身倒拔垂杨柳，辂（辘）〔二〕轳翻车十八说。跌打擒拿要晓切，底漏尖乂（叉）双扣手。立掉千金（斤）取骨节，闹里夺粹无难处。要诀总是养气血。顺步靠身单展翅，顺子投井狮子蹶。海底取宝忙剔肩，顺步插脱（裆）两肾拍。就地左右十字盘，开合收闭无休歇。虚心求教放（访）〔三〕名友，何愁不成截脉客。〔四〕

太山压顶似崩捶，扽肘合手取上下。回手一步倒提杵，直取高骨忙招架。天根月窟阴阳转，提膝点肚莫心怕。左右插花下底势，即怕尾闾踢一下。廿四节水火周，鲤鱼反（翻）身大劈岔。〔五〕

〔一〕挡，据文义，应为『裆』字之误。

〔二〕辂，据文义，应为『辘』字之误。

〔三〕放，据文义，应为『访』字之误。

〔四〕罗汉行功短打无此则内容。

〔五〕罗汉行功短打无此则内容。

出身直统（捅）连步走，总是前手跟后手。翻身变势螳螂打，劈开两门换逼手。提步切加里外磕，迎风过脑连还（环）肘。回马掖行缠腰步，硬崩实捱取锁口。左右盘旋倒提卵，上下撺（蹿）〔一〕跳拦马肘。蹲身屈膝忙蹿跳，总是反（翻）车两分手。

出手缠缆（拦）对后心，四封四闭打双掍。顺步缠封推双掌，撩阴起脚忙出身。转身一步压当顶，各有路途怕不朘〔二〕。带封十字拦马打，起膝踢肚气两分。缠绕倒提转身走，总是翻车莫呻吟。遍身手法随心入，何愁气粗力千金（斤）。

顺步入肘点肘（胁）〔三〕窝，奥妙无穷内藏多。扽肘盘肘左右掍，扣住双手疾如梭。拔步全是缠勾腿，里磕外磕海涌波。转身直出缠封掌，

〔一〕撺，据文义，当作『蹿』字。
〔二〕朘［juān］，有收缩之意。
〔三〕肘，罗汉行功短打作『胁』字，当是。

恰似尉迟下鸾坡〔一〕。子建锛头打风封（卦）〔二〕，四方八面似滚锅。

双手过脑点⿰月覌（拦）〔三〕马，顺步翻车螳螂打。翻身扑地鸳鸯脚，举手无情休当要。护耳即破鸳鸯脚，捉住撩阴似刀刳。两耳扇风方能破，变化无穷实不假。柔能生刚刚生柔，却有八打八不打。

接手破骨倒搬梢，挟肋（胁）直统（捅）打缠腰。回手缠缆（拦）破骨打，海底捞月月儿高。拿住脚湾（腕）破骨跌，顺子投井两腿交。底堂滚连赛车轮，实是通家也难招。滚连亦同反（翻）车辂（轳）〔四〕，螳螂扑蝉似轮刀。

〔一〕『尉迟』与后文的『子建』相对应。此句似典出唐代周昙所作六朝门·宣帝中的『乘危自有妻公在，安许鸾凰是尉迟』。

〔二〕封，据文义，应为『卦』字之误。

〔三〕⿰月覌，少林衣钵真传点校作『拦』字，当是。

〔四〕辂，据文义，应为『轳』字之误。后同。

顺步偷手加蹬扑，挑开耳后打肺腑。两手扑地就一着，尾门过关赛猛虎。反（翻）身力劈尾闾穴，喜〔一〕雀（鹊）〔二〕登枝取高骨。提步起膝紧闭脱（裆），鹤不久停鸾凤舞。砍掌入步贴壁靠，顺步头拿鸣天鼓。

靠身蹿跳实难敌，疾如撺（穿）〔三〕投（梭）〔四〕还嫌迟。挑开脑后应锁口，美女照镜更出奇。力劈中门缠腰打，伏地蹲身猪蚣（拱）〔五〕地。内藏手法说不尽，底堂共有八不齐。如点人神按日数，编（遍）〔六〕身行手疾上疾。

〔一〕喜，罗汉行功短打作『夜』字。

〔二〕雀，据文义，应为『鹊』字之误。

〔三〕撺，据文义，当作『穿』字。后同。

〔四〕投，少林衣钵真传和罗汉行功短打皆作『梭』字，当是。

〔五〕蚣，据文义，应为『拱』字之误。

〔六〕编，据文义，应为『遍』字之误。

踪（纵）步直统（捅）取胃婉（脘）〔一〕，截手挑起双月赶。鸳鸯交颈缠勾腿，底漏崩阁洗虎脸。并起双锤打底势，勾挂掖行疾两闪。鹞子反（翻）身大镑头，刘公挑镫踢虎眼。欲要点穴分节气，纵会分金（筋）心不满。

抓住手腕肘点肘，崩开穿腮跟后手。底漏尖乂（叉）疾擒拿，要诀全是双扣手。当胸直挺一骨力（刀）〔二〕，出手回手跌双肘。搬肘崩锤取脑眼，掣肘扽肘用采手。横竖急用四封闭，取上打下回身走。

〔一〕婉，据文义，应为『脘』字之误。胃脘，泛指胃腔或经穴别名。

〔二〕力，罗汉行功短打作『刀』字，当是。

力劈华山硬似跌（铁）〔一〕，两手抓住蹬扑跌。搓捋挣开入按捶，反（翻）车铲（辘）〔二〕辂（铲）实不怯。回手又加小螳螂，一反一后无休歇。一步翻身斜四平，连拳七势莫可测。青龙摆尾赚一手，一步铁门两不接。箭打风梢用背剑，插脱（裆）拔根靠身跌。

崩捶反（翻）车变通拳，出手搓肘用缠缆（拦）。勾挂提肘破岔打，双锤过脑扣连环。一手抓住束腰带，后有螳螂去扑蝉。膊后直用一口取，反身回手倒取卵。下腰曲膝大撑搓，疾忙蹿跳不非凡。

〔一〕跌，罗汉行功短打作『铁』字，当是。

〔二〕铲，据文义，应为『辘』字之误。

抓住天根闯（闯）[一]腰眼，海底捞月鲤鱼翻。两手扑地嘴嗒[二]土，拔步起膝肛门点。这个转身那个滚，野马上槽取虎脸。蹲身抱头窝肚打，回手取卵险上险。提步须用双掍捋，翻身上下急须转。三十六回反（翻）车铲，变化无穷任意选。

原是崩捶小缠封，随手入手实不空。若能缠绕梅花步，亦可与人定输赢。七十二穴遍身点，侧定春夏共秋冬。出身转身八面锤，铁门紧闭加缠封。跌打擒拿入手化，变化无穷人人惊。总是六六三十六，欲得真转（传）[三]两相应。

[一] 闯，此字难以识别，罗汉行功短打作『闯』字，当是。
[二] 嗒，此处意为『舔』。
[三] 转，据文义，应为『传』字之误。

倚强欺弱情不顺，拿住手腕破骨擒。换（还）〔一〕有跌打续在后，能破此势人上人。一手抓住天边月，扳倒泰山不嫌陈（沉）〔二〕。缠绕一步回身转，摇动两柄赛车轮。内有八打八不打，柔能生刚功要纯。本是少林传世谱，和尚偷驴我收存。

隔山拔树肾排膝，扭梁扳柱翻身起。长短不齐忙动手，上三下四打到底。总是螳螂翻车打，疾如撺（穿）梭急上急。入步破掌贴壁靠，十字扳肩起头膝。双手抱头下底势，左右捽捋疾忙出。四封四闭人字步，采手跌肘撩阴踢。惟恐后学志不坚，有始无终总不必（济）〔三〕。

〔一〕换，据文义，应为『还』字之误。
〔二〕陈，据文义，应为『沉』字之误。
〔三〕必，少林衣钵真传作『济』字，当是。

抓住擒拿我当先，撮开手腕迎面蹿。细拿不得重手打，挑手入肘不一般。跌肘崩锤迎面掌，挑起直取铁门关。逼肋入拳连三子（手）〔一〕，采手反背实不安。迎面接手双手扣，蹲身头捶放心宽。下腰屈膝打底势，缠缆（拦）一步野马蹿。

逼手取颊下，擒拿破骨打。点膝两手开，靠身取拦马。剔步撩阴脚，左右用插花。返（反）〔二〕身双捉捋，底漏实不差。回手压当顶，过脑脚打下。螳螂返（翻）车捶，休当是玩耍。倒提梅花步，直统（捅）加崩捶。回手双手扣，铁门更不差。霸王硬上弓，迎面使叭（趴）蹅（喳）〔三〕。死手拿活手，接手用擒手（拿）〔四〕。

〔一〕子，据文义，应为『手』字之误。

〔二〕返，据文义，当作『反』字。

〔三〕叭蹅，罗汉行功短打作『趴喳』，当是。

〔四〕手，据文义，当作『拿』字。

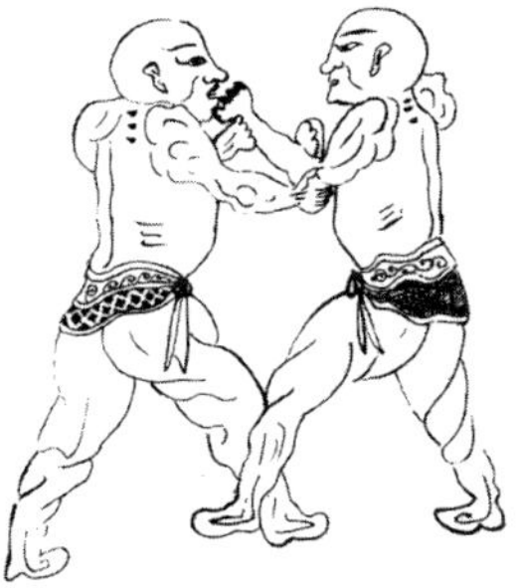

下腰拾腿似蜡（蜈）〔一〕蚣，上下抓定只一统。须要插脱（裆）反（翻）身滚，恰似燕雀去投井。由你仗（使）〔二〕尽千斤力，跌打擒拿是一总。翻身却有十字盘，如同猛虎下山岭。却有粘身十八跌，惟恐习学学不整。反（翻）身只是青龙摆，抱头底堂连步统。

摇开双捶似车轮，入步双手十字擒。拍腿勾腿鸳鸯脚，胦肋（胁）〔三〕直统（捅）恨不沉。翻身出手螳螂打，狮子张口大闪门。转身伏底逼两肋，十字掤捶实罕人。四封四闭横竖使，遮前挡后左右巡。缠绕一步忙蹿跳，反（翻）身力劈闯四门。

〔一〕蜡，据文义，应为『蜈』字之误。
〔二〕仗，罗汉行功短打作『使』字，当是。
〔三〕肋，据上文，应为『胁』字之误。

眉头先下掌，截手即双拳。回身双掍捋，左方（右）〔一〕十字盘。流星双赶月，回马倒踢卵。取山须下打，狮子摘玉环。抱头取月窟，插花不待（怠）〔二〕慢。出身即躥跳，前拳跟后拳。转身打底堂，摔打取两面。指东却打西，打北面朝南。遍身十二捶，四方打八面。总是反（翻）车铲，螳螂更周全。要学截脉客，必得少林传。

靠身原是通背掌，挑手直取颏下闯。回手截梢打心窝，十字拦马加螳螂。掖行出身闪一步，顺步缠腰恨不爽。搓肘擎天打两闭，扽肘崩捶是勉强。偷手回手连步捶，里外缠缆（拦）只两㨶（晃）。

〔一〕方，罗汉行功短打作『右』字，当是。

〔二〕待，据文义，应为『怠』字之误。

十字采手莫心杂，抓住筋骨岂轻彻（撤）〔一〕。挣并（开）〔二〕搓捼（捋）〔三〕妙不尽，抓腰采衣加崩捶。入手抓住千金（斤）骨，金丝缠[illegible]（绕）〔四〕疾擒拿。[illegible]〔五〕窝须用一双〈双〉〔六〕手，非离分金（筋）拿不下。最忌撑搓复一着，伤筋动骨乱如麻。

缠封一步破骨打，两腿挣开似跨马。跨住脚后膝点膝，抽梁还（换）柱实不假。出身顺步穿腮捶，双手抱头左右插。打下起上反（翻）车轳，底漏闪赚螳螂打。肘膝头捶随手入，看定八打八不打。〔七〕

〔一〕彻，罗汉行功短打作『撤』字，当是。
〔二〕并，罗汉行功短打作『开』字，当是。
〔三〕捼，罗汉行功短打作『捋』字，当是。
〔四〕[illegible]，此字难以识别，罗汉行功短打作『绕』字，当是。
〔五〕[illegible]，此字难以识别，待考。
〔六〕双，据文义，应为衍文。
〔七〕罗汉行功短打无此则内容。

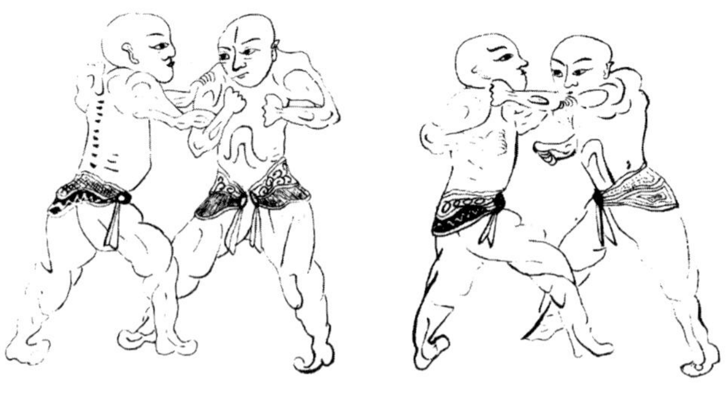

绘像罗汉兵刃全式影印

繪像羅漢兵刃全式

升霄道人重集

鄧禹
陳俊
岑彭
任光
蓋延
臧宮
王常

馬成
耿弇
堅鐔
祭遵
邳彤
馬武
卓茂

吳漢
杜貌
馮異
李忠
姚期
劉隆

王梁
寇恂
王霸
景丹
劉植
李通

賈復
傅俊
朱祐
萬修
耿純
竇融

合三十二人悉圖於上獨馬援以椒房之親不畫其像一日東平王蒼與帝遊於雲臺觀遍衆臣之像獨不見馬援乃問帝曰伏波將軍馬援功勞甚大何故不畫圖之帝笑而不言東平王亦不復問

二十八將雲臺起傳留鎗刀並劍戟鞭刺抓撾各有奇萬般皆同揔一理

少林集

雲臺二十八將兵刃各有其能傳世於後

鎗刀々　劍戟　鞭劍　抓錘　勾鎗

鍊刀　槊鏜　潑刀　干戈　杈鏈

斧耙　丈矛

十八件兵器摠集

諸家手法甚有益。摠是少林重刪集。惟恐後人

李不盡。人鬼之閑悔後遲。

進退虛實閃賺騰挪長短起落剛柔硬軟開合收閉各有所長甚勿踈忽掍將崩插勾掛應拗滾漏招架挑截對閉架有架法拗有拗法應有應法漏有漏法崩插挑上為崩返下為插勾掛出手為勾回手為掛滾漏滾者隨手而滾漏者出手回手挑截仰手揚肘骨為挑截手腕為截封閉迎對合手為封回手為閉架法招之即打打之即招連招帶打連打帶招拗法如底漏光又相同迎法仰手揚肘漏之取腕捏手取項偷手搗足回手取卸

鎗法学乃全，搓捋因崩吼。纏。封截進扎穿袖，回馬一步。倒趴卵。鳳凰點頭連三根，回馬倒提下底盤。上根底閙纏封走，梅花提路对上尖。提鎗挑來纏攔走，單鎗連起搭半邊。回馬借鎗扎旋口，死中求活把门闩。

此鎗法去之纏封勢

鎗

青銅偃月雙手舉，入步勾掛斷膝脊，左右挑肋纏繞步，多鬧中刺加力劈，鷂子反身大鑄頭，回馬轉身砍對膝。黃龍擺尾大進步，力劈四門，翻身起玉女穿梭，心窩刺，左右封擋，翻身去。四封四閉忙招架，招前擋後同一理。刀法去之翻車勢

刀

劍是青銅劍，上下一條緣。出乃青龍攢，抖乃似閃電。左右高四門，纏繞迎乃串。揀卷蓋頭頂，搬根以輪連。蹤跳卯白林，翻乃一大片。盤旋左右劈，四方敵八面。反復倒挂杵，進退螳撲蝶。札挑忙翻乃，恰似張遼獻。

劍纏螳螂勢

劍

托定方天戟之法不同似。鏜法两般一樣同。正偏切搓並勾掛。回馬帶封走。反身挑刺應。上下剔路下底當。倒手回鐮加崩捶。轉身迎面刺。回手勾切出回馬。左右揮花上下闔。一出一入換勾拔。

戟

閃撥搏砍

進退靈寔跺跳出入。閃賺騰那。
長短起落。剛柔硬軟。開合收閉。
各有解去也嘆手疎忽。根將崩抽。
勾掛應抑。滚漏拍架。扒截
封閉。架背架法。抑有抑法。
應有應法。漏有漏法。
此乃鞭論〻繼之法也
根將從上打到底下。左摔、
右將、上三下四貫名双崩抽挑

上为前进，下为推勾，掛出手为向
回手为掛。滚、漏、滚出腿手而滚。
漏出，出手回手。挑、截、仰手揭肘骨为
挑。截手腕为截。剪、閉、迎肘合手
为剪。出手回手为閉。架法，招之
即打。二之即招。连招带打。连打
带招。柳、法，如底漏出文[illegible]
相同。双手加出是为[illegible]。迎法，仰
手提肘。漏手取腕。提手取頂。
偏手高足回手取胸。带手过
耳。是为迎法。
此乃鞭刺之握手法也

十柄銅錘向四門，
上三下四八方尋。
之四九轉入手化，
左前八步緊隨身。
手法不可
重絮太同
前後

鎚

一條蔽眼抓出來更
不差。只用兩頭使直
统便勾抓。左右遍身
技術法甚堪誇。萬般
皆一理。何須論到家。
一法通萬法通，總而言
之，家法變化無窮也

抓

托定四平一样鎗，分心直机塞难当。回马须向拗，持刀戟要慌。揭路加牖吼，搭将下底带。千战万会向连胜，人人喝彩。去年双鎗法皆一理，字法先微强。

鎗

此刀本是九鍊刀，手持句
掛大拳（搭）精。回手[illegible]撥
滑脛。偏鎗挑繟碾（砍）。纏
腰入步並趁逢來回
挑撥以風飄連焼蘇
拳背。翻身截鎗連
五刀提鎗双手拳。力机
四門寔難指。
刀法自翻車蟷螂勢

刀

槊

使槊却有四面刃，
去入進退八方巡。
心靈眼利手腿疾，
一反一復似車輪。
手法与大刀相
同

鏜名何谓鏜，四方八面当，一号说不尽，横竖迎面离。埋伏紧伏底，搶土眯眼光，何用千般巧，真刀是神才。

子得画此见意

鏜

燕子别翅遍身捻，白猿
桃截一條線。出步持步鸞
鳳舞，奔肩过腦成一片。
机勢挑鋒連三反上上
下四賽閃電，一步揭鎗
回馬走，螳螂翻車隨手變。
此手法人同翻車
出

干戈互去定太平，
本来出自国家典。
敌入丛围剪
马营固泰民
安世不动。
干戈与镣刀
不同

干

干戈原從纣时起，
能破鎗刀並劍戟。
前往倒戈定太平，
迴風冲截無人識。
勾掛扎挑難遮當，
后学不倒莫心急。
千变萬化言不尽，
奥妙無穷归一理。

戈

鎲法原是禅家法，名为传。要诀最难得，变化不定定。大封小偏学不定，小封大偏实是难，守法要线熟，好学可言传。

丈

三股鋼叉腿兩邊，
滾撒搗搭成一片。
也要崩砸也用棍，
蹤跳出入腿子交。
燕子双飛緊伏底，
纏繞俐手搗対膝。

且叉與鏜相似

叉

鏟是月牙鏟，倒手用後鐮。鏟子翻分黃龍罩，崩插戳腿，鏟兩膀。劈削轉門迎面刺，大鵬挺翅翻身轉。

扠、鏟並同手法無別

一條狼牙挮，更比百般強。不顧長和短，入手迎面撞。纏繞遍身轉，一步跳一丈。奧妙隨手變，令人俱慌忙。

挮与棍法雷同，手法不一

挮

輪開一柄斧鉞，斧有陰陽。何處修顯名，斧劈先天覺。全靈可靈來相助，鉞手發驚死小唐王。手法不類柄數，内有句掛奇精

斧

少林集成六合掷，手法更比他人强。
奥妙无穷随手化，蹲身一步纵一丈。
若遇方上運遮客，纵然神手难提防。
背棍截棍用不尽，倒棍撑棍世人忙。
六十四棍手法真，后带八步紧缠身。
招架封闭缠绕步，力劈花山刺中心。
搓封截进锁口扎，滚漏崩叽风车转。

纏纜偷手對膝打，遮前攬絞左右巡。
鳳凰點頭連三閃，十字崩插塞牢人。
四封四閉橫壁使，肤脇直統帳不沉。
翻身出手下底勢，獅子張口大閃門。
棍法全是少林集
不敢言深人不及

此势

提路鎗法。盖世无双。提路鎗，崩吼樣拧实难当。换势却使六合棍鎗变棍势棍换鎗。鎗棍手法一理

此勢

就地撲鵪鶉

托棍撲地下底勢，

提手滾漏忙封閉。

鳴鳩擠窩左右打，

老鼠入洞下提力。

棍係一提皆同

此勢

懷中抱月

拈之打　封之打　閃之打　搠之打　揭之打　提之打　迎面打　棍之打

迎之打　漏之打　勾之打　架之打　閃之打　截之打　回身打　亂之打

此势

四馬倒提

将之打

滚之打

掃堂打

勦耳打

纏腿打

出身打

順手打

攔馬打

迴字打

纏繞打

捽〻打

捋肩打

偷之打

轉身打

勦女打

盤根打

此势
力劈苍山
起之扎
内之扎
滚之扎
搓之扎
挑之扎
肩之扎
出马扎
穿袖扎
综跳扎

漏之扎
截之扎
缠绕扎
提之扎
拧之扎
乱之扎
回马扎
偏之扎
根起扎

此势

抱中平鎗法

鎖口札　兩閉札

提筋札　刺心札

窩肚札　高背札

对膝札　尾閭札

腰骨札　兩肘札

对心札　兩脇札

对口札　天腰札

此乃六十四棍同鎗法

少林六合棍

八打八不打。八剛

十二柔。綜棍七一理。

搖是纏打揉。

此勢

單綜妙法死中

求活十綜奇變

此势
玉女抱琵琶
存侍腰盘似跨马，勒絵
拨箭莫不假。棍裡藏为了
藏棍，左右倒提摘金瓜。
大龙摆尾四方转，四勒四闭
加棒花。燕子双飞二十四，
一步棍路甚堪夸。

分金截脉實是難，裝訂書紙未失傳。
乾天坤地分子午，春夏秋冬對落盤。
得節受氣未風節，取定時刻細詳眠。
子時生陽又生陰，未恐學息學不全。
天根月窟陰陽翻，陰陽不接乏量斷。
六十花家要背記，分金截脉有何難。

要訣總是少林傳

甲子　奎　乙丑　娄　丙寅　胃　丁卯　昴
戊辰　畢　己巳　觜　庚午　参　辛未　井
壬申　鬼　癸酉　柳　甲戌　星　乙亥　張
丙子　翌　丁丑　参　戊寅　角　己卯　亢
庚辰　氐　辛巳　房　壬午　心　癸未　尾
甲申　箕　乙酉　斗　丙戌　牛　丁亥　女
戊子　虛　己丑　危　庚寅　室　辛卯　壁
壬辰　奎　癸巳　娄　甲午　胃　乙未　昴

丙申 畢 丁酉 觜 戊戌 參 己亥 井

庚子 鬼 辛丑 柳 壬寅 尾 癸卯 張

甲辰 星 乙巳 參 丙午 角 丁未 亢

戊申 氐 己酉 亢 庚戌 心 辛亥 尾

壬子 箕 癸丑 斗 甲寅 牛 乙卯 女

丙辰 虛 丁巳 危 戊午 室 己未 壁

庚申 奎 辛酉 婁 壬戌 胃 癸亥 昴

動靜有時消長有數八卦可推曆律可契四時依候子午定機陽生於子陰生於午陰陽消長而變化之理皆以自然夏至陰生冬至陽生以定始終之正午時陰生子時陽生月有三百六十時年有三百六十日天有三百六十六度人有三百六十節立春節順生雨水正遁生日躔娵訾之次宜用甲卯丙午坤申乾亥時驚蟄節春分正日躔降婁之次宜用艮寅巽巳坤申乾亥時清明節穀雨正乃日躔大梁之次宜用癸丑乙辰丁未辛

戌時立夏節小滿炁日躔實沈之次宜用甲卯丙午庚酉壬子時芒種節夏至炁日躔鶉首之次宜用艮寅巽巳坤申乾亥時小暑節大暑炁日躔鶉火之次宜用癸丑乙辰丁未辛戌時立秋節處暑炁日躔鶉尾之次宜用甲卯丙午庚酉壬子時白露節秋分炁日躔壽星之次宜用艮寅巽巳坤申乾亥時寒露節霜降炁日躔大火之次宜用癸丑乙辰丁未辛戌時立冬節小雪炁日躔析木之次宜用甲卯丙午庚酉壬子時大雪節冬至

至日躔星紀之次值用艮寅巽巳坤申乾亥時小寒節大寒是日躔元枵之次值用癸丑乙辰丁未辛戌時乾坤艮巽為天地之鰲界日月之止所使之循環作天地人鬼之門使之更代司水火風雪之四播將行造物宰陰陽之呼吸統四正六道測天地之造化藉日月之精先無極而太極大極動而生陽動極而靜靜極而生陰靜極而復動一動一靜互為其根分陰分陽兩儀立焉

十二特乃十二脛之對正
十一月子膽脛生在戌
正月寅肺脛生在子
三月辰胃口生在寅
五月午心脛生在辰
七月申膀胱生在午
九月戌胞絡生在申

十二月丑肝脛生在亥
二月卯大腸生在丑
四月巳脾脛生在卯
六月未小腸生在巳
八月酉腎脛生在未
十月亥三焦生在酉

内天罡圖

生庚满
甲

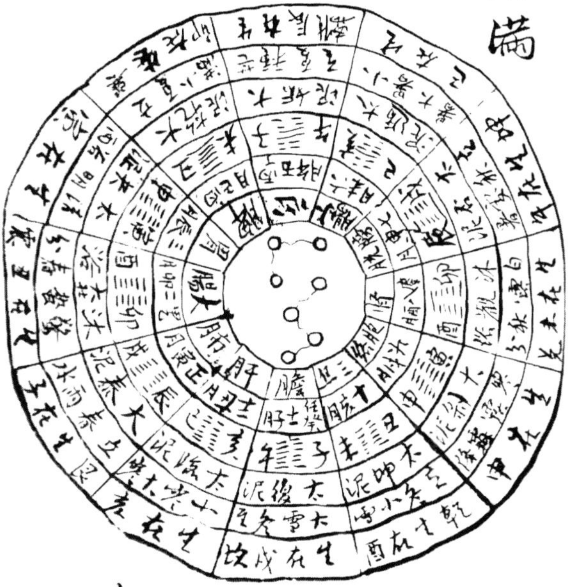

震甲
其朋

天根月窟三十六宫之图

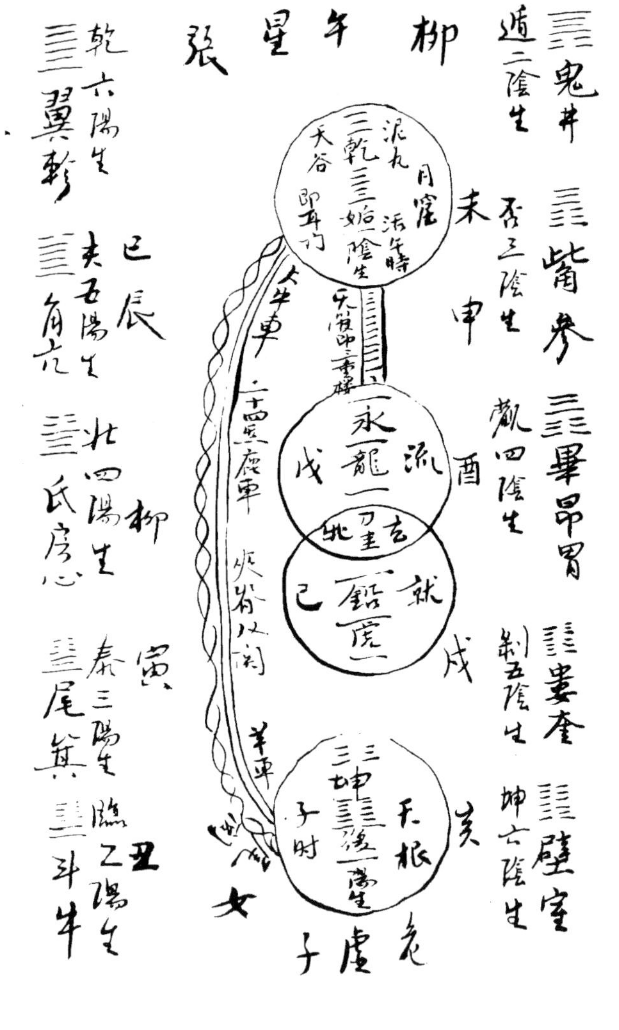
乾
六陽生
翼軫
夬
五陽生
角亢
壯
四陽生
氐房心
泰
三陽生
尾箕
臨
二陽生
斗牛
遁
二陰生
鬼井
否
三陰生
觜參
觀
四陰生
畢昴胃
剝
五陰生
婁奎
坤
六陰生
壁室
柳
星
張
巳
辰
寅
丑
未
申
酉
戌
亥
子
女
虛
危
泥丸
天谷
即弄門
月窟
姤
一陰生
午時
流
戊
己
就
坤
一陽生
子時
天根

乾天坤春
地分子午
泥丸當中
明天谷
陰陽交會月窟
前後轉
天腰玉枕●
兼泥府

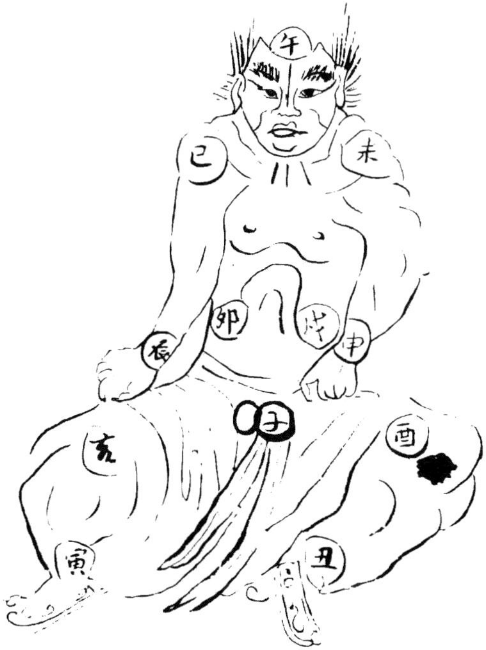

龍虎交
会此一理
天根月窟
在脚底
手筋截
脉照时
刻高消
擦陰挂尾閭

天根

子午全是
陰陽換十二
樓上取下
安腿底內
識子午穴
陰陽不接
放心寬

秋

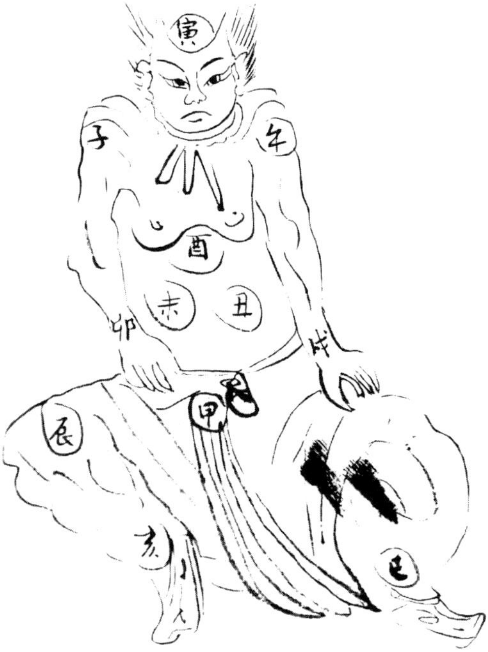

分開乾離
定子午氣
下兩閉同天
數永壽龍
鉛汞陰陽
會天地乾
坤在手足

冬

雨水　壬時正月中日出卯正三刻九分日入酉初一刻六分
晝四十二刻十二分夜五十三刻三分
二月一日癸亥酉初一刻後日躔降婁之次宜用艮巽坤
春分乾時二月中日出卯正初刻日入酉正初刻晝四十八
刻夜四十八刻
三月三日甲午卯正一刻日纏大梁之次宜用癸乙丁辛
穀雨時三月中日出卯初一刻六分日入酉正二刻九分晝
五十二刻三分夜四十三刻十二分
四月四日乙丑辰初一刻後日躔實沈之次宜用甲丙
庚壬時日出寅正三刻一分日入戌初初刻十四分

晝五十七刻十三分夜三十八刻二分

五月 是月六日丙申申正一刻後日躔鶉首之次宜用艮巽

夏至 坤乾時五月中日出寅正二刻五分日入戌初一

一陰生 刻十分晝五十九刻五分夜三十六刻十分

六月 是月八日戊辰寅初一刻後日躔鶉火之次宜用癸

乙丁辛時日出寅正三刻一分日入戌初刻十四分

晝五十七刻十三分夜三十八刻二分

七月 是月九日己亥巳初二刻後日躔鶉尾之次宜用

處暑 甲丙庚壬時七月中日卯初一刻六分日入酉正二

刻九分晝五十三刻三分夜四十二刻十二分

八月

是月十一日庚午卯初二刻後日躔壽星之次宜用艮巽坤乾時日出卯初三刻七分日入酉正初刻八分晝四十九刻夜四十六刻十四分

九月

是月十一日庚子未初二刻後日躔大火之次宜用癸乙丁辛時日出卯正二刻二分日入酉初一刻十三分晝四十二刻十一分夜五十二刻四分

十月

是月十二日庚午巳初一刻後日躔析木之次宜用甲丙庚壬時日出辰初二刻六分日入申正三刻九分晝三十九刻三分夜五十六刻十二分

十一月

是月十一日己亥亥初二刻後日躔星紀之次宜用艮巽

冬至坤乾时十一月中日出辰初一刻十分日入申正二刻

一阳生五分昼三十六刻十分夜五十九刻五分

十二月是月十一日己巳辰初三刻后日躔元枵之次应用癸

巳丁辛时日出辰初二刻十四分日入申正三刻一分昼

三十八刻二分夜五十七刻十三分

正月昼一时七刻二分夜一时八刻六分七厘五毛

二月昼夜一时八刻

三月昼一时八刻六分七厘五毛夜一时

四月昼一时九刻五分九厘一毛六系夜一时六刻二分八厘三毛三系

五月昼一时九刻七分八毛三系夜一时六刻一分六厘六毛六系

六月昼一时九刻五分九厘一毛六系夜一时六刻二分八厘三毛

三糸

七月晝一时八刻六分七厘五毛夜一时七刻二分

八月晝一时八刻一分四厘一毛六糸夜一时七刻七分三厘三毛三糸

九月晝一时七刻三分八毛三糸夜一时八刻五分六厘六毛六糸

十月晝一时六刻四夜分二厘五毛夜一时九刻四分五厘

十一月晝一时六刻一分六厘六毛六糸夜一时乙刻七分八毛三糸

十二月晝一时六刻二分八厘三毛三糸夜一时九刻五分九厘一

毛六糸

人神所在之處

初一日在足大指
初三日在腿子骨
初五日在口舌
初七日在脚裏骨拐
初九日在尻係胃吕穴
十一日在鼻柱
十三日在牙齒
十五日在偏身 係筋處
十七日在氣衝 即咽喉
十九日在足腕

初二日在脚骨拐
初四日在腰腎上
初六日在手背後
初八日在手掌後骨
初十日在腰背
十二日在髮際
十四日在胃脘
十六日在胸膛
十八日在腿子骨
廿日在脚裏骨拐

行手密論

二十一日在手小指
二十二日在肝及足
二十五日在足掌心
二十七日在心窩
二十九日在膝脛
俱係男左女右

廿三日在脚外肖指
二十四日在手掌心
二十六日在胸髀
二十八日在膀胱
三十日在足後根

绘像罗汉兵刃全式校释

绘像罗汉兵刃全式

升霄道人重集

邓禹　马成　吴汉　王梁　贾复

陈俊　耿弇　杜貌（茂）〔一〕　寇恂　傅俊

岑彭　坚谭　冯异　王霸　朱祐

任光　祭遵　李忠　景丹　万修

盖延　邳彤　姚期　刘植　耿纯

臧宫　马武　刘篩（隆）〔二〕　李通　窦融

王常　卓茂

合三十二人悉图于上，独马援以椒房〔三〕之亲，不画其像。

一日，东平王苍与帝游于云台，观遍众臣之像，独不见马援，乃问帝曰：『伏波将军马援

〔一〕杜貌，据后汉书，应为『杜茂』之误。

〔二〕刘篩，据后汉书，应为『刘隆』之误。

〔三〕椒房，西汉时未央宫为皇后所居殿名，亦称椒室，亦泛指后妃居住的宫室。椒房之亲，就是指皇后的亲戚。

功劳甚大，何故不画图之？』帝笑而不言，东平王亦不复问。

二十八将云台〔一〕起，传留枪刀并剑戟，鞭刺抓捶（锤）〔二〕各有奇，万般皆同总一理。

少林集

云台二十八将，兵刃各有其能传世于后。

枪刀　剑戟　鞭剑　抓锤　勾枪

链刀　槊镗　双刀　干戈　叉铲

斧挷（棒）〔三〕丈矛

十八件兵器总集

诸家手法甚有益，总是少林重删集。惟恐后人学不尽，人鬼之关悔后迟。

进退虚实、闪赚（展）腾那（挪）〔四〕、长短起落、刚柔硬软、开合收闭，各有所长，甚勿疏忽。

〔一〕云台，位于洛阳南宫。东汉永平三年（六〇），汉明帝刘庄命人在云台阁画了重兴汉室江山功劳最大的二十八位大将的画像，后世称为『云台二十八将』。

〔二〕捶，据文义，应为『锤』字之误。后同。

〔三〕挷，据文义，应为『棒』字之误。

〔四〕闪赚腾那，据其语言习惯，应为『闪展腾挪』，乃指身法变化。后同。

掍捋崩掗，勾挂应拗，滚漏招架，挑截对（封）〔一〕闭，架有架法，拗有拗法，应有应法，漏有漏法。

崩掗：挑上为崩，返下为掗。

勾挂：出手为勾，回手为挂。

滚漏：滚者随手而滚，漏者出手回手。

挑截：仰手扬肘骨为挑，截手腕为截。

封闭：迎对合手为封，回手为闭。

架法：招之即打，打之即招，连招带打，连打带招。

拗法：如底漏尖义（叉）〔二〕相同。

迎法：仰手踢肘，漏手取腕，提手取顶，偷手闯足，回手取卵。

枪法学得全，搓捋用崩[口乂乚]〔三〕。缠封截进扎穿袖，回马一步倒取卵。凤凰点头连三掍，回马倒提下底盘。上掍底阁缠封走，梅花提路对三尖。提枪挑手缠缆（拦）〔四〕走，群枪连封挡半边。回马借

〔一〕对，据文义，应为『封』字之误。

〔二〕义，据文义，应为『叉』字之误。后同。

〔三〕[口乂乚]，此字难以识别，待考，疑为『扎』字。后同。

〔四〕缆，据文义，应为『拦』字之误。后同。

鎗

枪扎护（虎）〔一〕口，死中求活把门闪。

此枪法出之缠封势。

青铜偃月双手举，入步勾挂断腰脊。左右挑肋缠绕步，分开中门加力劈。鹞子反（翻）〔二〕身大锛头，回马转身砍对膝。黄龙摆尾大遮盖，力劈四门翻身起。玉女蹿（穿）〔三〕梭心窝刺，左右剋搓翻身出。四封四闭忙招架，招前挡后同一理。

刀法出之翻车势。

剑是青铜剑，上下一条线。出身青龙摆，转身似闪电。左右闯四门，缠绕迎身串。插花盖头顶，盘根似轮𨑻（转）〔四〕。蹿跳即勾挂，

〔一〕护，罗汉行功短打作『虎』字，当是。
〔二〕反，据文义，当作『翻』字。后同。
〔三〕蹿，据文义，应为『穿』字之误。
〔四〕𨑻，此字难以识别，据文义，似为『转』字。后同。

刀

剑

翻身一大片。盘旋左右劈，四方敌八面。反复倒提杵，进退螳扑蝉。扎挑忙翻身，恰似张辽献。

剑从螳螂劈。〔一〕

托定方天戟，戟法亦同似。枪法两般一样同，正偏劫搓并勾挂。回马带封走，反身挑刺应。上下剔路下底堂，倒手回镰加崩捶。转身迎面刺，回手勾劫出回马。左右插花上下闯，一出一入使勾抓。〔二〕

进退虚实，蹿跳出入，闪赚（展）腾那（挪），长短起落，刚柔硬软，开合收闭，各有所长，慎无（勿）〔三〕疏忽。掍捋崩捶，勾挂应拗，滚漏招架，挑截封闭。架有架法，拗有拗法，应有应法，漏有漏法。

此乃鞭论之总手法也。

〔一〕罗汉行功短打无此则内容。
〔二〕罗汉行功短打无此则内容。
〔三〕无，罗汉行功短打作『勿』字，当是。

掍捋从上打到底下，左摔右捋，上三下四，其名『双掍』。
崩𢫬：挑上为崩，返下为𢫬。
勾挂：出手为勾，回手为挂。
滚漏：滚者随手而滚，漏者出手回手。
挑截：仰手扬肘骨为挑，截手腕为截。
封闭：迎对合手为封，出手回手为闭。
架法：招之即打，打之即招，连招带打，连打带招。
拗法：如底漏尖乂（叉）相同，双手加尖是为拗。
迎法：仰手提肘，漏手取腕，提手取顶，偷手闯足，回手取卵，带手过耳是为迎法。

此乃鞭刺〔一〕之总手法也。

〔一〕鞭刺，罗汉行功短打作『锏论』。

两柄铜锤闭四门，上三下四八方寻。三回九转入手化，后带八步紧随身。

手法不可重絮，亦同前后。

一条蔽眼抓，出手更不差。只用两头使，直统（捅）〔一〕便勾抓。左右遍身转，手法实堪夸。万般皆一理，何须论到家。

一法通，万法通，总而言之，手法变化无穷也。

〔一〕统，据文义，疑为『捅』字之误。后同。

托定四平一杆枪，分心直札（扎）〔一〕实难当。回马须勾挂，转身莫要慌。扬路加崩[illegible]，搓捋下底堂。千战万合勾连胜，人人喝彩世无双。

枪法皆一理，手法各能强。

此刀本是九炼刀，手挝勾挂大摹稍。回手撇（披）〔二〕骨胫，逼枪挑绰砍，缠腰入步并头莲，来回挑披似风飘。连婉苏秦背，翻身截枪连五刀。提枪双手举，刀札（扎）四门实难招。

刀法自翻车螳螂劈。

〔一〕札，据文义，应为『扎』字之误。后同。

〔二〕撇，罗汉行功短打作『披』字，当是。

鎗

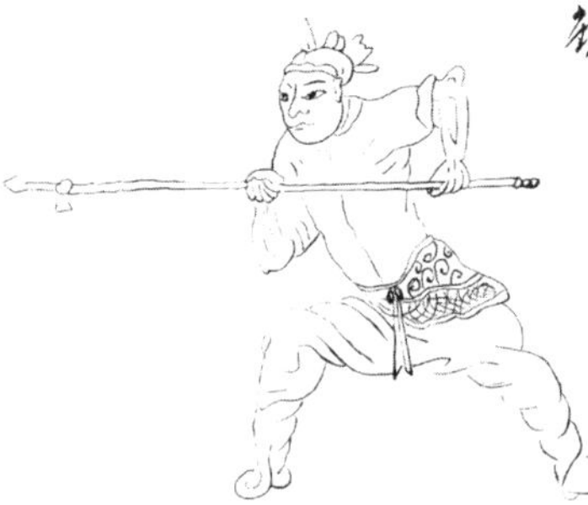

刀

使槊却有四面刃，出入进退八方巡。心灵眼乖手腿疾，一反一复似车轮。

手法与大刀相同。

镗名何谓镗？四方八面当（挡）〔一〕。一言说不尽，横竖迎面闯。埋伏紧伏底，抢土迷眼光。何用千般巧，真乃是神方。

可谓变化无穷。

〔一〕当，据文义，当作『挡』字。后同。

燕子别翅遍身转，勾挂挑截一条线。出身转身鸾凤舞，奔肩过脑成一片。札(扎)劈挑绰连三反，上三下四赛闪电。一步扬枪回马走，螳螂翻车随手变。

此手法亦同翻车出。

干戈亘古定太平，本来出自国家典〔一〕。敢入从围万马营，国泰民安世不动。

干戈与枪刀不同。

〔一〕典，罗汉行功短打作『行』字。

干戈原从纣时起，能破枪刀并剑戟。前从倒戈定太平，迎风冲敌无人识。勾挂札（扎）挑难遮当（挡），后学不倒（到）[一]莫心急。千变万［化］[二]言不尽，奥妙无穷皆一理。

枪法不是辨，手法各有传。要诀最难得，变化不必言。大封小逼学不尽，小封大逼实是难。手法要纯熟，好学可言传。

〔一〕倒，据文义，当作『到』字。
〔二〕化，据文义所补。

戈

文

三股钢叉随身遶（转），滚撇捣搓成一片。也要崩掴也用棍（掍）[一]，蹿跳出入随手变。燕子双飞紧伏底，缠缆（拦）偷手捣对膝。

马叉与镗相似，变化无穷。

铲是月牙铲，倒手用绞镰。鹞子翻身黄龙罩，崩掴戕腮铲虎脸。劈开辕门迎面刺，大鹏挺翅翻身转。

叉铲并同，手法各别。

[一] 棍，据文义，应为『掍』字之误。

一条狼牙挷（棒）〔一〕，更比百般强。不顾长和短，入手迎面撞。缠绕遍身转，一步踪（纵）〔二〕一丈。奥妙随手变，人人俱慌忙。

挷（棒）与掍（棍）〔三〕法雷同，手法不一。

轮（抡）〔四〕开一柄斧，钺斧有阴阳。何处才显名，斧劈老君堂。全亏百灵来相助，几乎惊死小唐王。

手法与槊相类，内有勾挂奇能。

〔一〕挷，罗汉行功短打作『棒』字，当是。后同。

〔二〕踪，罗汉行功短打作『纵』字，当是。后同。

〔三〕掍，少林衣钵真传作『棍』字，当是。

〔四〕轮，据文义，当作『抡』字，有抡转、用力挥动之意。

少林集成六合掷（棒），手法更比他人强。
奥妙无穷随手化，蹲身一步纵一丈。
若遇方上云游客，纵是神手难隄（提）〔一〕防。
背棍截棍用不尽，阁棍撑棍世人忙。
六十四棍手法真，后带八步紧缠身。
招架封闭缠绕步，力劈花（华）〔二〕山刺中心。
搓封截进锁口札（扎），滚漏崩吼似车轮。
缠缆（拦）偷手对膝打，遮前挡后左右巡。
凤凰点头连三闭，十子（字）〔三〕崩搥实罕人。
四封四闭横竖使，脥肋（胁）〔四〕直统（捅）恨不沉。
翻身出手下底势，狮子张口大闪门。
棍法全是少林集，不敢言深人不及。

〔一〕隄，据文义，当作『提』字，有防止、防范之意。
〔二〕花，据文义，应为『华』字之误。后同。
〔三〕子，据文义，应为『字』字之误。
〔四〕肋，罗汉行功短打作『胁』字，当是。

此势提路枪法

盖世无双提路枪，崩吼搓捋实难当。换势却使六合棍，枪变棍势棍换枪。

枪棍手法一理。

此势就地扑鹤鹑

托棍扑地下底势，提手滚漏忙封闭。

鳪（斑）鴐（鸠）〔一〕擂（垒）〔二〕窝左右打，老虎入洞下猛力。

棍枪一总皆同。

〔一〕鳪鴐，此二字难以识别，罗汉行功短打作『斑鸠』，当是。

〔二〕擂，此字难以识别，据文义，应为『垒』字。

此势怀中抱月

招之打，迎之打，封之打，漏之打，闪之打，勾之打，拗之打，架之打，揭之打，闪之打，提之打，截之打，迎面打，回身打，掍之打，[illegible]之打。

此势回马倒提

捋之打，随手打，滚之打，缠缆（拦）打，扫堂打，掉之打，剿耳打，捋肩打，缠腰打，偷之打，出身打，转身打，顺手打，剿手打，拦马打，盘根打。

此势力劈花（华）山

封之札（扎），漏之札（扎），闪之札（扎），截之札（扎），滚之札（扎），缠缆（拦）札（扎），搓之札（扎），提之札（扎），挑之札（扎），捋之札（扎），崩之札（扎），[illegible]之札（扎），出身札（扎），回身札（扎），穿袖札（扎），逼之札（扎），蹿跳札（扎），根封札（扎）。

此势抱中平枪法

锁口札（扎），两闭札（扎），提筋札（扎），刺心札（扎），窝肚札（扎），高骨札（扎），对膝札（扎），尾闾札（扎），腰骨札（扎），两肾札（扎），对心札（扎），两膊札（扎），对口札（扎），天腰札（扎）。

此乃八八六十四棍，同枪法。

少林六合棍

八打八不打，八刚十二柔。枪棍皆一理，总是短打凑。

此势　群枪妙法，死中求活，十枪奇变。

此势玉女抱琵琶

存流腰盘似跨马，封枪拨箭实不假。棍里藏身身藏棍，左右倒提摘金瓜。黄龙摆尾回身转，四封四闭加插花。燕子双飞二十四，一步提路甚堪夸。

分金（筋）〔一〕截脉实是难，集订书纸未失传。乾天坤地分子午，春夏秋冬对落盘。得节受气未得节，取定时刻似羊眠。子时生阳阳生阴，未恐学息〔二〕学不全。天根月窟阴阳翻，阴阳不接气量断。

〔一〕金，据文义，应为『筋』字之误。后同。

〔二〕息，呼吸。如汉书·苏武传云：『武气绝，半日复息。』

六十花家（甲）〔一〕要背记，分金（筋）截脉有何难。

要诀总是少林传。

甲子　奎　乙丑　类（娄）〔二〕　丙寅　胃　丁卯　昂（昴）〔三〕

戊辰　毕　已（己）〔四〕巳　觜　庚午　参　辛未　井

壬申　鬼　癸酉　柳　甲戍（戌）〔五〕　星　乙亥　张

丙子　翌（翼）〔六〕　丁丑　参　戊寅　角　己卯　亢

庚辰　氐　辛已（巳）〔七〕　房　壬午　心　癸未　尾

甲申　箕　乙酉　斗　丙戍（戌）　牛　丁亥　女

戊子　虚　己丑　危　庚寅　室　辛卯　壁

壬辰　奎　癸已（巳）　类（娄）　甲午　胃　乙未　昂（昴）

〔一〕家，罗汉行功短打作『甲』字，当是。我国古代，以六十年为一甲子，花甲，指人六十岁。

〔二〕类，应为『娄』字之误，据二十八宿名称所改。后同。

〔三〕昂，应为『昴』字之误，据二十八宿名称所改。后同。

〔四〕已，应为『己』字之误，据干支次序表所改。后同。

〔五〕戍，应为『戌』字之误，据干支次序表所改。后同。

〔六〕翌，古文中通『翼』字。

〔七〕已，应为『巳』字之误，据干支次序表所改。后同。

丙申　毕　丁酉　觜　戊戌（戌）　参　巳（己）亥　井

庚子　鬼　辛丑　柳　壬寅　尾　癸卯　张

甲辰　星　乙巳（巳）　参　丙午　角　丁未　亢

戊申　氐　巳（己）酉　亢　庚戌（戌）　心　辛亥　尾

壬子　箕　癸丑　斗　甲寅　牛　乙卯　女

丙辰　虚　下（丁）〔一〕巳（巳）　危　戌（戊）〔二〕午　室　己未　壁

庚申　奎　辛酉　类（娄）　壬戌（戌）　胃　癸亥　昂（昴）

动静有时，消长有数，八卦可推，历律可契。四时依侯，子午定机，阳生于子，阴生于午，阴阳消长，而变化之理，皆得自然。夏至阴生，冬至阳生，以定始终之气。午时阴生，子时阳生，月有三百六十时，年有三百六十日，天有三百六十〈六〉〔三〕度，人有三百六十节。立春节顺生，雨水气逆生，日躔〔四〕

〔一〕下，应为『丁』字之误，据干支次序表所改。

〔二〕戌，应为『戊』字之误，据干支次序表所改。

〔三〕六，据罗汉行功短打，应为衍文。

〔四〕日躔，太阳视运动的度次。出自南宋颜延之所作三月三日曲水诗序：『日躔胃维，月轨青陆。』吕向注：『躔，次也。胃，星名。维，畔也……言日次胃星之轨行畔也。』收录于文选·卷四十六。

娵訾〔一〕之次，宜用甲卯、丙午、坤申、乾亥时。惊蛰节春分气，日躔降类（娄）之次，宜用艮寅、巽已（巳）、坤申、乾亥时。清明节谷雨气，乃日躔大梁之次，宜用癸丑、乙辰、丁未、辛戍（戌）时。立夏节小满气，日躔实沈之次，宜用甲卯、丙午、庚酉、壬子时。芒种节夏至气，日躔鹑首之次，宜用艮寅、巽已（巳）、坤申、乾亥时。小暑节大暑气，日躔鹑火之次，宜用癸丑、乙辰、丁未、辛戍（戌）时。立秋节处暑气，日躔鹑尾之次，宜用甲卯、丙午、庚酉、壬子时。白露节秋分气，日躔寿星之次，宜用艮寅、巽已（巳）、坤申、乾亥时。寒露节霜降气，日躔大火之次，宜用癸丑、乙辰、丁未、辛戍（戌）时。立冬节小雪气，日躔析木之次，宜用甲卯、丙午、庚酉、壬子时。大雪节冬至气，日躔星纪之次，宜用艮寅、巽已（巳）、坤申、乾亥时。小寒节大寒气，日躔元枵之次，宜用癸丑、乙辰、丁未、辛戌时。乾坤艮巽为天地之鳌界，日月之止所。使之循环作天地人鬼之门，使之更化司水火风云之四轮。流行造物，宰阴阳之呼吸，统四气六道。测天地之造化，籍日月之精光。无极而太极，大（太）〔二〕极动而生阳。动极而静，静极而生阴，静极而复动，一动一静互为其根，分阴分阳两仪立焉。

〔一〕娵訾，十二次之一，配十二辰为亥，配二十八宿为室、壁两宿。

〔二〕大，古文中通『太』字。

十二时乃十二胫（经）〔一〕之对正

十一月子，胆胫（经）生在戍（戌）；十二月丑，肝胫（经）生在亥；正月寅，肺胫（经）生在子；二月卯，大肠生在丑；三月辰，胃口生在寅；四月已（巳），脾胫（经）生在卯；五月午，心胫（经）生在辰；六月未，小肠生在已（巳）；七月申，膀胱生在午；八月酉，肾胫（经）生在未；九月戍（戌），胞络生在申；十月亥，三焦生在酉。

内天罡图

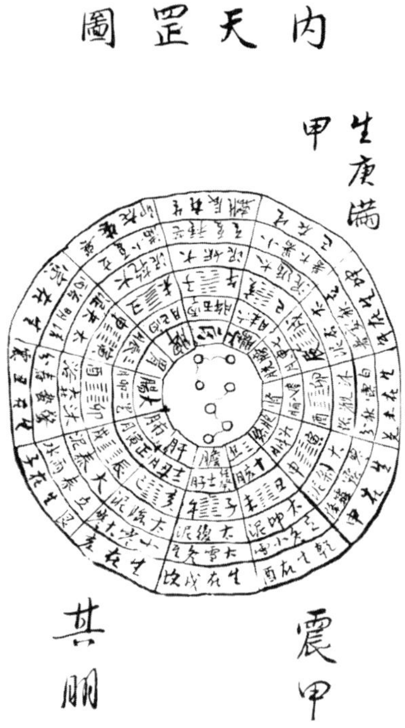

〔一〕胫，据文义，应为『经』字之误。后同。十二经是中医理论中人体经络系统中的十二条经脉的合称。

天根月窟三十六宫之圖

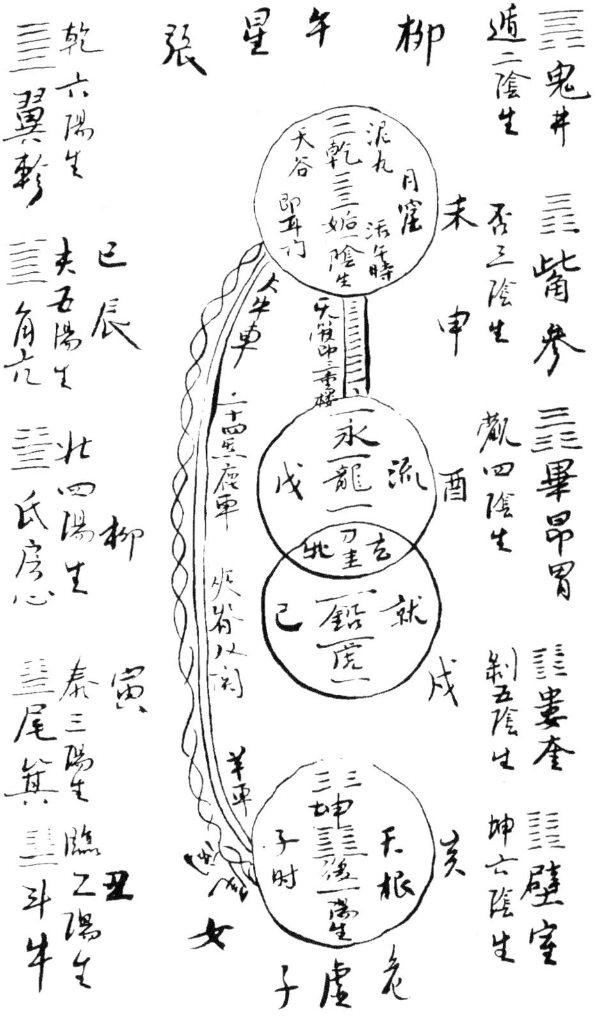

鬼井
遁二陰生
柳
午
星
張
乾六陽生
翼軫
泥丸
月窟
未
姤一陰生
申
否三陰生
觜參
觀四陰生
酉
畢昴胃
戌
剝五陰生
婁奎
亥
坤六陰生
壁室
危
虛
子
女
天根
子時
丑
臨二陽生
斗牛
泰三陽生
尾箕
寅
壯四陽生
氐房心
卯
夬五陽生
角亢
辰
巳

春

乾天坤地分子午，泥丸当中明天谷。

阴阳交会前后转，天腰玉枕〔一〕兼风府。

夏

龙虎交会皆一理，天根月窟在海底。

分筋截脉点时刻，高骨撩阴转尾闾。

秋

子午奎（全）〔二〕是阴阳换，十二楼上取气管。

腮底内藏子午穴，阴阳不接放心宽。

〔一〕天腰玉枕，罗汉行功短打作『美腰玉桃』。

〔二〕奎，据文义，应为『全』字之误。

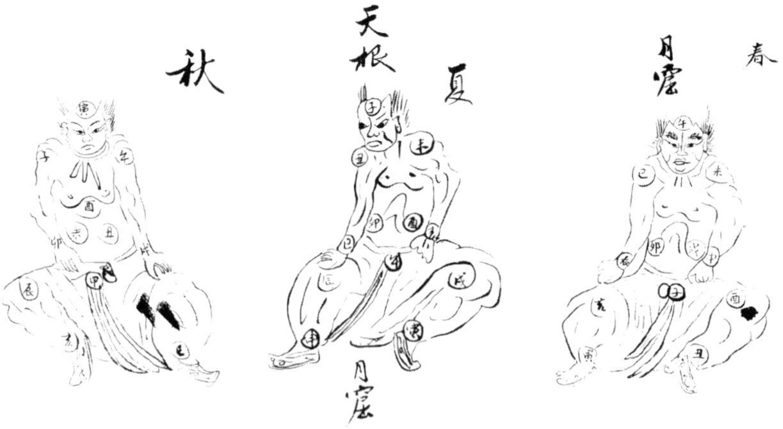

冬

分开乾离定子午，乳下两闭同天鼓。

永（汞）龙铅虎[一]阴阳会，天地乾坤在手足。

雨水，壬时正月中，日出卯正三刻九分，日入酉初一刻六分，昼四十二刻十二分，夜五十三刻三分。

二月【春分】，一日癸亥，酉初一刻后，日躔降娄之次，宜用艮巽坤乾时。二月中，日出卯正初刻，日入酉正初刻，昼四十八刻，夜四十八刻。

三月【谷雨】，三日甲午，卯正一刻，日缠（躔）[二]大梁之次，宜用癸乙丁辛时。三月中，日出卯初一刻六分，日入酉正二刻九分，昼五十二刻三分，夜四十二刻十二分。

四月，四日乙丑，辰初一刻后，日躔实沈之次，宜用甲丙庚壬时，

〔一〕永，据文义，应为『汞』字之误。汞、铅，古代道教内丹理论中的基本概念，汞为性，铅为命，为其性命之学之根源。

〔二〕缠，据文义，应为『躔』字之误。后同。

日出寅正三刻一分，日入戍（戌）初二刻十四分，昼五十七刻十三分，夜三十八刻二分。

五月【夏至一阴生】，是月六日丙申，申正一刻后，日躔鹑首之次，宜用艮巽坤乾时。五月中，日出寅正二刻五分，日入戍（戌）初一刻十分，昼五十九刻五分，夜三十六刻十分。

六月，是月八日戊辰，寅初一刻后，日躔鹑火之次，宜用癸乙丁辛时。日出寅正三刻一分，日入戍（戌）初刻十四分，昼五十七刻十三分，夜三十八刻二分。

七月【处暑】，是月九日己亥，己（巳）[一]初二刻后，日躔鹑尾之次，宜用甲丙庚壬时。七月中，日［出］[二]卯初一刻六分，日入酉正二刻九分，昼五十三刻三分，夜四十二刻十二分。

八月，是月十一日庚午，卯初三刻后，日躔寿星之次，宜用艮巽坤乾时。日出卯初三刻七分，日入酉正初刻八分，昼四十九刻，夜四十六刻十四分。

九月，是月十一日庚子，未初二刻后，日躔大火之次，宜用癸乙丁辛时。日出卯正二刻二分，日入酉初一刻十三分，昼四十三刻十一分，夜五十二刻四分。

十月，是月十一日庚午，己（巳）初一刻后，日躔析木之次，宜用甲丙庚壬时。日出辰初二刻六分，日入申正三刻九分，昼三十九刻三分，夜五十六刻十二分。

十一月【冬至一阳生】，是月十一日己亥，亥初二刻后，日缠（躔）星纪之次，宜用艮巽坤乾时。

〔一〕己，应为『巳』字之误，据干支次序表所改。后同。

〔二〕出，据文义所补，与后文的『日入』相对。

十一月中，日出辰初一刻十分，日入申正二刻五分，昼三十六刻十分，夜五十九刻五分。

十二月，是月十一日己巳（巳），辰初三刻后，日躔元枵之次，宜用癸巳（乙）[一]丁辛时。日出辰初二刻十四分，日入申正三刻一分，昼三十八刻二分，夜五十七刻十三分。

正月，昼一时七刻二分，夜一时八刻六分七厘五毛。

二月，昼夜一时八刻。

三月，昼一时八刻六分七厘五毛，夜一时［七刻二分］[二]。

四月，昼一时九刻五分九厘一毛六系，夜一时六刻二分八厘三毛三系。

五月，昼一时九刻七分八毛三系，夜一时六刻一分六厘六毛六系。

六月，昼一时九刻五分九厘一毛六系，夜一时六刻二分八厘三毛三系。

七月，昼一时八刻六分七厘五毛，夜一时七刻二分。

八月，昼一时八刻一分四厘一毛六系，夜一时七刻七分三厘三毛三系。

九月，昼一时七刻三分八毛三系，夜一时八刻五分六厘六毛六系。

十月，昼一时六刻四分二厘五毛，夜一时九刻四分五厘。

十一月，昼一时六刻一分六厘六毛六系，夜一时九刻七分八毛三系。

［一］巳，据前文，应为『乙』字之误。

［二］七刻二分，据罗汉行功短打所补。

十二月，昼一时六刻二分八厘三毛三系，夜一时九刻五分九厘一毛六系。

人神所在之处，行手密钥[一]

初一日，在足大指。

初二日，在脚骨拐。

初三日，在掀子骨。

初四日，在腰肾上。

初五日，在口舌。

初六日，在手背后。

初七日，在脚里骨拐。

初八日，在手掌后骨。

十（初）[二]九日，在尻系胃（尾）[三]吕（闾）[四]穴。

初十日，在腰背。

[一] 罗汉行功短打无此则内容。

[二] 十，据文义，应为『初』字之误。

[三] 胃，据文义，应为『尾』字之误。

[四] 吕，据文义，应为『闾』字之误。

十一日，在鼻柱。
十二日，在发际。
十三日，在牙齿。
十四日，在胃腕（脘）〔一〕。
十五日，在偏身【系筋处】。
十六日，在胸膛。
十七日，在气冲【即咽喉】。
十八日，在掀子骨。
十九日，在足腕。
廿日，在脚里骨拐。
二十一日，在手小指。
二十二日，在脚外骨拐。
二十三日，在肝及足。
二十四日，在手掌心。
二十五日，在足掌心。

〔一〕腕，据文义，应为『脘』字之误。

二十六日，在胸膈。

二十七日，在心窝。

二十八日，在膀胱。

二十九日，在膝胫。

三十日，在足后根（跟）〔一〕。

俱系男左女右。

〔一〕根，据文义，应为『跟』字之误。

增补罗汉行功短打通解

提要

增补罗汉行功短打通解，一册，首尾残缺，抄本，字体行草相间，每页十行。谱中未记载抄录年代及抄录者姓名，从题名上看，似与清代罗汉行功短打相同，然诸多内容又不同于罗汉行功短打，而是在其内容基础上的进一步论述，故曰『增补』。据谱中图文内容及与前代相关文献比较，可判定此谱为清末抄本。此谱于二十世纪八十年代在武术挖掘整理活动中被捐出，但未留下捐献地及捐献者姓名，现藏于中国武术研究院，院藏编号为G852.3-1。

此谱汇辑了诸多拳术内容，主要包括行功歌诀、短打要论、翻车辘轳锤六六卅六、八打八不打、八刚、十二柔、七势集连拳总是十八凑、全身十二锤闪赚双手扣、手法总论、连拳歌、四方八面说略、短打截脉说略、十二时乃十二经分阴阳之要诀、金月（丹）秘诀等。同时，还绘有五幅拳法图式。就内容而言，此谱主要谈论短打拳法技理，重点论述螳螂拳法，尤其强调练拳必须练气。

遗憾的是，文末『每戍（戌）亥二时，阴旺阳衰，宜解衣闭息。一手擦外肾，一手擦脐下，左右换手，各兜擦九九之数，仍盘膝端坐。先提』，全谱内容至此戛然而止，以致今人难以窥得此谱全貌。

增补罗汉行功短打通解影印

增補羅汉行功短打通解

行功歌訣

子午卯酉晝夜还　燒酒房事不可貪　輕擊重打有先後
日就月將無間斷　昔人依此成罗汉　我輩拳家作奇男
千鎚百鍊猶嫌少　何惜工夫一百天

行功之道，或摘用或全用俱要清心寡慾朝乾夕惕行功之时固宜存神因氣由心经而達於四肢自然流通略無矫强即不行之时作止語默亦須全真养元使無散乱斯為静於行功

短打要論

進退内有虚实虚实中有進退躥者縱身往前有飛鼠脱窟之妙　跳者跌足上衝有榫九離之妙敵捷迅速一力斉牽横竪叠用出入兼需　闪者如灯炸目瞬見象而化查無可尋掌拳錘肘俱宜用之若紙作躲闪之闪则孤負此字矣　賺者哄也騰者跳也那者移也俱有闪字在内　门者展也合者手以圍開之勢也大開大合小開小合反開正合正開反合身法步法隨手而変　收者冥出而驟回也　閉者閉门使不能入也回有出势閉有開机開合與收閉一串但横言之则為開合竪言之则為收閉者短者忽者忽短或一手自為者

短或两手互相长短々变为长々变为短起手打下而翻上也　落者捎上而取下也中落中起旁落旁起旁起中落中落旁起左右连环起上莫鑿刚者不可屈硬者不可破柔如迤逦阑條而缠绕不脱軟如曲水浸沙而无微不入

翻車轆轳錘六々卅六

車者如車輪之旋转无端　也轆轳如轆轳之流转无已也既曰、車而又曰轆轳者　单手為轆双手成輪也車與轆轳而加一翻字反来復去倒顺无已也翻車轆轳而加一崩拪粘掌之手貼壁靠背之势錘肘互加膝脚並用则成螳螂打矣翻车远而螳郎近翻车疎而螳郎密其实翻车本不疎远第较之螳郎则微似疎远耳翻车无处躲螳郎无处招随机变换浑身是打此短打之妙境手法之极致也螳郎有刀即其錘肘也故一名拒斧好事者以草秆戲之粘連崩撲闪賺闭合曲尽其妙宜乎驤首奪背天馬比之而边肖曳腰声距秋蟬遭之而必傷勇士怒臂莊公迴車良非虚語也故螳郎手法為短打之總敵也学者必至官止神行渾化无迹斯為得之间有略知大概稍得彷彿便自務曰吾会堂郎打覌之者亦曰此堂郎打矣然而堂郎之打能者罕焉矣卅

六者言其成数也至於因虚变化千頭万绪豈止三十六哉

八打八不打

八打者使之痛痛昏迷应手而即倒也故眉頭双睛等处宜打之八不打者俱係傷命之处其人罪不至死不必取其性命故太陽鎖口等处宜避之

八刚

刚能勝柔如刚刀断肉筋骨斉開扔石杆碎粉渣滓尽化一往莫禦直前不回或者曰我刚矣而彼亦刚焉寧

能勝乎不知特患我非剛耳剛則未有不勝者即如莫玉至剛者也其北宮之霜鋒若無所用荊軻之匕首因於難施可謂剛矣然一遇昆吾良刀則切琢如意而剛則不足言矣夫誠有昆吾之剛天下尚有不可勝之玉乎而況柔於玉者乎故太山壓頂迎面直繞等手法可用也

十二柔

柔能克剛小能制大被鼠與象相去懸絕矣然鼠能由鼻入而食其腦象力其大者不能防一遇鼠穴輒魂飛魄散悚惧莫措而鼠無論也然養象之法地掘四孔令

其踏之永不敢動此亦小可制大之驗也彼瑪瑙堅而至滑者也馬尾細而且柔者也然欲割瑪瑙非馬尾方不可即此可悟柔能克剛之理矣舌齒之喻尤其显焉者也見剛而回手者吾已出手而逐截太猛則回手以避其鋒緩手以挫其銳而復進之此即虛實閃賺之法也入手而偷手者彼手方出吾已搶先暗遮使不反防或彼上我下或彼困我直彼手未到而吾手先得也此種手法務要敏速截手而滾手者彼欲截我手我即隨彼手滾入使其截成空左右上下最宜用之棍手而漏手者棍似截而圈漏似滾而離此亦開合收閉之法也

直通而勾手斗彼适面直衝吾接手勾入高則上勾捼

則下勾裡外交正度勢便用採手而入手斗冷手一抓我

則隨手而入或回手勾滾順手扳搓或未採而闪或既

採而疊或中门正入或裡外反入摟斗捧取也磕斗旁

搽也撲斗下撲也衍按而冷挑斗上斗挑也以上打法

與採入畧同闸斗吾手入而彼外闸之疊斗滾漏迴曲

而復進也粘手而破斗彼粘我手而欲擒拿之吾即借

勢反掌因其擒掌而擒拿之則彼粘無用吾手得力矣

也

以上手法皆虛实開合闪賺 騰那見剛而避隨隙而入

自然如行雲流水春蚕吐絲迅剎如石火閃光使人有拔山之力难奏効於無人之境陳百萬之師难擊敵於不見之时縂之飛扞千斤擊㧍毛而無損青絲一線擊虎肾而有餘蜻蜓闹鸡無过闪賺勝那之法東青戲鵝只凭批郤導窾之能搏虎擒龍隨手而得搴旗將無往不利故曰柔能克刚也

七勢集連拳總是十八湊

立就七樣局勢將十八家手法湊成一处連環遞及循环無端如常山擊蛇首尾俱應如金盤撒珠一齐滚來是謂連拳

全身十二錘闪賺双手扣

十二錘共合頸臂胸膝而言之也扣共妙扣鈕之扣双手合勢以護身也闪賺双手扣共乍開乍合速出疾收也用之於己則閉户不納用之於人則杜门难出

手法總論

取上打下打下取上裡外翻轉務要身法活軟手法快利忽起忽落開合奔突提步入手不分先後手牽而步即隨之者短倒順奔不由中出迴手足相合也故短打以手足相合為第一順步績倩手封彼已出手進步吾即順手打之妙彼來自就我錘故曰倩以逸待勞之法

也搖步入手勢將前腿往來一擺後腿前出十字成步扭身以入也纏封双掌勢兩手合纏双手直衝也迎面通錘勢或出或精而腿直統前後相接一肘齊到也勳手砍掌勢行拳空纏如牛鞭施旋擊也起手是勳落手是砍反正交互中外齊奔反身疾入勢責勢欲走轉身回取斜迴同掌拳也再勢取勢打彼打彼取勢反身倒步左右遠环用擄护之手足四面受敵何懼哉通背勢斬通展碓俱肘骨一根穿背而用後人承之前伸後屈前出後应突入直撞亦名通背迴七寸頸錘臀錘俱係側用若入叢圍貼靠用密亦可正用之膊勢肩膊也胸

斗挺胸膝斗起膝也拗拿貼靠手足無措此等宜用之合兩肘四錘而為八短我丈夫也彼丈夫也身同官骸有生同具氣争斗不过眼精手快追趕不及耳誠能神速變化七長八短渾身是手彼莫若指安能脫哉故曰短打有招却無招也

遠拳歌

门斗出入之氣而掌拳皆由斗出入也錘肘中门斗对面正入左右斗旁面側入也中门勢寬故有三十二门左右勢窄故各十六门真实中门通左右左右通中门從中门打到左右從左右打到中门上下並取裡外加

功有门则由径以升堂，無則门破壁而入室，即必翻車。則曰卅六連拳，又曰六十四，擴而充之則有七十二變，總而言之則有八十一變。大而化之之謂聖，聖而不可知之之謂神。夫亦知短打之有神境乎？然而師曠之聰不齊六律，公輸子之巧必以規矩，苟無法則安能進取。故分爲三门，連累貫通，以爲有志者求之的鵠云。

长拳即短打，短打即长拳

长拳爲短打之剛勁，短打爲长拳之條目。剛勁所以提挈其條目，條目所以發洩其剛勁也。蹿跳提跌，长拳之所有也，短打中所無此身法乎？今人見人使拳者，一在天涯一在海角手無足蹈不知何為〻氣尽力竭未嘗交手即偶一打对一手一脚倏忽輒过永不相犯曰因专拳不外短打不知此並非专拳也即其专驅大進横衝豎当而言之也短打即其短兵相接貼胸靠背而言之也原係一事初無二理故曰专拳即短打短打即专拳也

螳郎翻車变化總势

增補短打九ミ八十一化歌訣

左右掛耳

起手左右掛耳化為窩肚遶通太山壓顶势非輕底堂捧花双掌整轆轳翻車緊接翻車轆轳並用翻上梢下不留停手脚起止無定

迎面直取

迎面直取前後跟進步左右肘似輪出指即使護眼手抱頸还使肘用布心回手拳应太陰窩須用頸錘取眼根双手抱耳在裡靠左右攬馬次第尋

底漏鉄门

底漏鉄（化）门縨手单赶月鼻梁集双掌坐肘取攬馬起脚
踢海底勦手黄獃撒提步渡一手仰手捎一一

黄獃擺尾

黄獃擺尾是勦手咽喉底下来回走回手眉頸下一掌
变化挑肘入盘肘蹲身底堂打鶴膝缠封提步双月收
回手还用堂郎打反復不离双手扣

太山壓顶

壓顶揔是翻車化左右摔捋打上下海底取宝復一手
反車又加双棍打裡磕外磕难招架

左右双棍

左右双掍怕踤跳野馬上槽取脚腕撲手入手咽喉攩
左右圈錘取腦眼反車轆轳左右打反車轆轳上下纏
一反一復無招架虎抱双收偪手拳

硬崩实插

崩插原從堂郎来立劈中门攬馬排左右破膝横立錘
總是底堂黄龍擺

螳螂砍劈

堂郎砍劈王郎傳细李堂郎来撲蟬兩脚踏定十字步
輸開兩柄似閃電出指先點人中穴摘星換月上下反
扳肩起膝入頸錘重盤堂郎四外旋

扣手翻車

反車扣手君須知反車是即堂即勢提肘鉄门黄龍反纏封粘拿頭中膝滾漏崩捶砍劈手連还倒搭左右出四方八面凡車樣才是堂即誰敢敵

此勢专短並用

吾用左右掛耳彼未有招手而不即入手共吾即隨手入手化而為左右連通此引手入手之法也再反上而為太山壓頂则中下全露矣彼將乘隙來取我下路故用底堂左右插花以偏之遂即借勢反用車轆軲之手打下反上取上打下須有 柳絮因凡舞桃花逐水流之

致方妙迎面直衝而後加以前手跟後手彼有退步閃
掐耳吾即上步追赶而双肘遮遮復護眼抱頸而肘用
布心值此兵荒馬乱之際彼掐上之不暇而遑及底堂
乎吾即同手反取月窩攻其不備也使月窩受傷而未
有腰弓頸出斗吾即頸錘迎面擊撞打他个桃花又見
一年春速抱頸裡靠偏其貫耳圈錘而更取左右攬馬
散他欲進不能退亦难脱
底漏即尖叉之起手鈌门即底漏之落脚纒手有類纏
封而赶月總似反車双拳即双提斗出攬馬係左肘之
餘氣起脚踢其海下動手砍其咽喉此一拳中路純妙

手法也提步復進一手而仰手又捎一下并卧翅臨去
姝波那一耤教他相我不破也
黄龍擺尾并双手勒破不离咽喉之下先掌而後肘并
眉頭先下一掌則起上招下双肘可入此欲入而先賺
其門也先肘後盤并亦適還之勢也底掌鶴膝順流而
下也双手赶月倒捲而上也回手堂腳而不离双手扣
并錘掌四出而閉門不納也落花满地隨(水)不許(流)溴
泖來問津
太山壓顶即反車之出手適环遮用三山半落青天外
独拳单出一錘打破楚江烁更加以左右撑持教也之

脚难久定而何暇打人遂即海底取宝而双提集拳刈横竖齐到久磕手连遮寻旧路而回此一拳上入中出手法也

左右双提此倒身横入以一而敌三面之法也跨跳此正交加一处一步开闭使不相及忽又野马上槽取其脚胜俱是大开大合冷入冷出即衝圍实群之法也扑手穿其咽喉掌锤取其脑眼狮子抛毬而更進以反車攏护教他進退無路左右难出直打得停車坐受桃林晚霜叶红于二月花至于虎抱双收偏手入拳更完密此一拳双進双收直入 横出手法也

崩掘郎堂郎之冷手法砍劈係堂郎之側掌劈破中门而
取其攢馬復下底勢打其鶴膝總是將黃龍擺尾之手
法用於底堂也務要凡行閃展一氣赶風
堂郎手法總是王郎傳堂郎見蟬欲撲之則虎抱輾轉
鑿控縱送忽前而忽後奪臂輕擊如迅雷不及掩耳李
之者止可会言而难於言傳十字步者便於四面旋轉
也似閃電者言其快利而勇猛也点人中摘星月手法
斂提沉有蜻蜓点水之致扳肩起膝石火電光堂郎錦
爍花簇飛雲當面化為龍天嬌橫空純是碧者一套渾
起渾花之手法也

扣手反車郎堂郎手法堂郎者不过將反車撓护透貫环而扣封不漏使鉄门攔尾纏封粘拿等手法隨机应变触手既打四方八面囷湍周洽招打一片化者隨手而化無中生有々中輒無官止神行無不及竟不可迹象之語也斯語多明香在梅花上尋致梅花香义無有志此道者照譜演鍊靜心会悟真信实受誠心敬意久々自然得之今不尽釋也

此势總是四方八面手法

四方八面说略

四方八面皆一理　總是反車堂即出　揣前当段纏繞步
硬崩実插点鶴膝　打前取段卧肚錘　揣上摘下取海底
出身搗身黄龍攪　闪嫌膝那莫心急　裡磕外磕偏手拳
野馬上槽反身出　反身只用提捋打　滾漏背劍靠収壁
蹬撲掌是底下勢　滾遠拴背即忙起　抱頸双掌取攪馬
左右插花破对膝　各樣肘法俱要用　手法不当難合理
四方八面入叢圍　闹裡奪尊雄不取

太極打　八卦打　挾山超海打　逐步為營打　衝圍打　环攻打　順反打　倒反打　流水打　回几打

太極打法用反車堂郎手法四面旋繞上下环精反身勸步而疊打鍾山教人入手無路而触处受傷此理太極打也

八卦打法四方八面也能方起手即合坎艮震巽离坤兑為八卦坤方起手則合能坎艮震巽离兑為八卦此理交变也總之一入敵場便十面埋伏点水不漏隨机应变正不必拘此方位初学之士不得不衣此门路以便後学

挾山超海打法打而即走拳起步隨舍此取彼横衝竖撞如入無人之境騰空駕霧飛来天上之鍾挾山此言

其重而有力超海势言其轻而精到也
逐步营打势步步是打节节有拳安定门户随打随走
然亦须快利进速顷刻而过四方八面满场是锤指埋
神奇
衡围打势挺身独立被多人围围住只有太极之打
使不近身手脚不歇解耐几时欲用超海之势恐围缠
太紧蹉跳有碍即使逐步为营之法而千重而叠恐亦
非顷刻卧解骤出势则更有衡衡之打与衡围势欲向东
出则先西击欲向左出则先右打乘其不备而衡出之
也东边打则从东边出西边打则从西边出盖彼一起

手来打我便有空可衝出也虚衝实打虚打实衝亦有扶山起海逐步為营等打法在内只是相形度势速出圈外非一惟渾打等已此帳中偷间以一当千之要诀也

环攻打法彼眾我寡将彼圈在裡面我從外边循还攻打也進退錞之縱横於意決要速环会合於古辮束髮越纏越緊於密綱搏魚行走行收

順翻打法順步反手上步進拳也倒翻打法勤手步反手轉身出鍾也忽東忽西行南行北與逐步為营相類但向裡手多而倍加迅利耳

流水打势顺步追赶馬不停蹄如水之流而不合也

回几打势欲去而先精既去而復回也故有大回几小回几单回几双回几之别大回几势舍彼取此已两不相及而忽用超海之势躍入本位也小回几势欲東向而西精欲左攻而右旋起手即回也单几势回或顺或倒只一回而即前走也双回几势一倒一顺一左一右遂回遂走即走即回将倒翻顺翻之打遠環而会合之也

鍊此打势先用太極手法劈開门户安八卦方位將超海為書打法变换穿插快利 迅速刚健重着復还原势

一步跳出而四方八面之錘成矣

短打截脉说略

四时依候

四时者春夏秋冬换节易氣阴阳交会之时也一年有一年之春夏秋冬一日有一日之春夏秋冬故子午卯酉月宜用艮巽乾时辰戌丑未月宜用癸乙丁辛時寅申巳亥月宜用甲丙庚壬时皆截其將交未交之时而使之隔绝不交也

子午定机

子居壬癸之鄉午居丙丁之位卯居甲乙酉居庚辛者

天地之正位亦阴阳之正时也天干地支互易递更於至十一月则十一月為子而五月為午矣若至五月则又五月為子而十一月為午矣故曰子午定机

十二时

人一身天地也天運十二时一週人身亦十二时一週天運一时一月人身一时一经天地之阴阳分中氣人身之阴阳分经络经络即天地之节氣节氣即人身之经络同斯阴阳之理不易消长之机天地之阴阳息则日星岳瀆混沌而不分人身之阴阳息则耳目官骸臂迷而不竟截脉卦不过点外以傷準天地以驗人使不

之阴阳暂息一刻将交之阴阳少停须臾耳

六陰六陽

独阴不生孤阳不长独阴则有魄无魂孤阳则有魂无魄六阴六阳时相配合故时行物生流动充满坤之六阴与乾之六阳两相配合矣坎之五阴一阳离之五阳一阴亦会合而成六阴六阳之长则阴消阴长则阳消一阳长则一阴消一阴长则一阳消一阳六阴再生而为一阴之变一阴六阳再生而为一阳之变再独消长有数变化有机也阴阳者气也天地之气不调则亢旱旱雨涝而时序失节人身之气不调则壅结疼瘇而手足

难发况乎安时截之佚身之血滞氣凝百窍不通而焉能动此乎

天根月窟

天根阳也月窟阴也子为天根午为月窟千变而子则月窟变而为天根子又变而为午则天根又变而为月窟矣天根此一陽之始六陽由此长六阴由此消月窟此一阴之初六阴由此长六阳由此消冬至一阳生夏至一阴生冬至子月夏至午月故以二至定始终之氣以子午定循环之机也

玄北

玄北斗心下腎上肝西肺右陰陽之源造之机也

刀圭

陰陽並蒂動靜互根於刀似圭猶所謂偃月炉斗也

汞龍鉛虎

配肺肝為龍虎用心腎為汞鉛即所謂火龍水虎也

蓋是竅也先天而生後天相接天得之以清地得

之以寧人得之以靈上通泥丸下貫尾閭黃鐘通

理正位居體在乾之下坤之上震之西兑之東坎

水离火交媾之鄉陰陽会合之際也總而言之曰

玄北氣二処也有志者細悟此理將五行八卦天干地

丈番会於當身以運行於十二經絡之內得節受氣已交未合絲毛不爽而一式之分筋截脉直如由基穿揚久久破的庖丁解牛處處中竅也周身之大竅經絡命名不一前已言之詳究此不过举其至要者約畧言之以為有志此道者參一解云

十二時乃十二經分陰陽之要訣

十一月子膽經生在戌　十二月丑肝經生在亥

正月寅肺經生在子　二月卯大腸生在丑

三月辰胃口生在寅　四月巳脾經生在卯

五月午心經生在辰　六月未小腸生在巳

七月申膀胱生在午　八月酉腎經生在未
九月戌包絡生在申　十月亥三焦生在酉

金月秘訣

行功之道凝神聚氣同真反樸自無溢精之病但初行之功時氣体未能安和而血脉兼以壯旺則溢精之病恐或不免一溢精而前功尽弃矣金丹秘訣為固精妙術行功之暇不妨並及之

一擦一兜左右換手九〻之数真陽不走

每戌亥二時阴旺阳衰宜解衣閉息一手擦外腎一手擦臍下左右換手各兜擦九〻之数仍盤膝端坐先提

增补罗汉行功短打通解校释

行功歌诀

子午卯酉昼夜还，烧酒房事不可贪。轻击重打有先后，日就月将无间断。昔人依此成罗汉，我辈学来作奇男。千锤万炼犹嫌少，何惜工夫一百天。

行功之道，或摘用，或全用，俱要清心寡欲，朝乾夕惕〔一〕。行功之时，固宜存神，因气由心经

〔一〕朝乾夕惕，语出周易·乾，形容一天到晚很勤奋、很谨慎。

而达于四肢，自然流通，略无矫强。即不行之时，作止语默，亦须全真养元，使无散乱，斯为静于行功。

短打要论

进退内有虚实，虚实中有进退。蹿者纵身直往，有飞鼠脱窟之妙。跳者跌足上衡（冲）〔一〕，有禅（弹）〔二〕丸离［弓］〔三〕之妙。敏捷迅速，一力齐举，横竖叠用，出入兼需。闪者如灯炸目，瞬见象而化，查无可寻。掌、拳、锤、肘，俱宜用之。若只作躲闪之闪，则孤（辜）〔四〕负此字矣。赚者，哄也；腾者，[illegible]〔五〕也；那（挪）〔六〕者，移也。俱有闪字在内。门（开）〔七〕者，展也；合者，手以园（圆）〔八〕开之势也。大开大合，小开小合，反开正合，正开反合，身法、步法随手而变。

收者，突出而骤回也；闭者，闭门使不能入也。回有出势，闭有开机，开合与收闭一串。但横言之，则为开合；竖言之，则为收闭。长短者，忽长忽短，或一手自为长短，或两手互相长短，短变为长，长

〔一〕衡，据文义，疑为『冲』字之误。
〔二〕禅，据文义，应为『弹』字之误。
〔三〕弓，据文义所补。
〔四〕孤，古文中通『辜』字。
〔五〕[illegible]，此字难以识别，待考。
〔六〕那，据文义，当作『挪』字。后同。
〔七〕门，据文义，应为『开』字之误。
〔八〕园，据文义，应为『圆』字之误。后同。

变为短，起手打下而翻上也。落者，捎上而取下也。中落中起，旁落旁起，旁起中落，中落旁起，左右连环，起止莫凿。刚者不可屈，硬者不可破，柔如迎风斗条而缠绕不脱，软如曲水浸沙而无微不入。

翻车辘轳锤六六卅六

车者，如车轮之旋转无端也；辘轳，如辘轳之流转无已也。既曰车而又曰辘轳者，单手为辘，双手成轮也。车与辘轳而加一翻字，反来复去，倒顺无已也。翻车辘轳而加一崩捶粘掌之手，贴壁靠背之势，锤肘互加，膝脚并用，则成螳螂打矣。翻车远而螳郎（螂）[一]近，翻车疏而螳郎（螂）密。其实，翻车本不疏远第，较之螳郎（螂）则微，似疏远耳。翻车无处躲，螳郎（螂）无处招，随机变换，浑身是打，此短打之妙境，手法之极致也。

螳郎（螂）有刀，即其锤肘也，故一名拒斧。好事者以草杆戏之，粘连、崩扑、闪赚、开合，曲尽其妙。宜乎骧首[二]夺背天马，比之而边肖，曳腰声距秋蝉，遭之而必伤。勇士怒臂，庄公回车[三]，良非虚语也，故螳郎（螂）手法为短打之总敌也。学者必至官止神行，浑化无迹，斯为得之，间有略知大概，稍得，

〔一〕郎，据文义，应为『螂』字之误。后同。

〔二〕骧首，昂首，亦比喻意气高昂。

〔三〕庄公回车，典出庄子·人间世。庄子·人间世载：齐庄公出猎，有一虫举足将搏其轮。问其御曰：『此何虫也？』对曰：『此所谓螳螂者也。其为虫也，知进而不知却，不量力而轻敌。』庄公曰：『此为人，而必为天下勇武矣。』回车而避之，而勇士归之。

仿佛便自务（悟）〔一〕曰：『吾会堂（螳）〔二〕郎（螂）打。』观之者亦曰：『此堂（螳）郎（螂）打矣。』然而，堂（螳）郎（螂）之打，能者罕焉矣。卅六者，言其成数也。至于因虚变化，千头万猪（绪）〔三〕，岂止三十六哉。

八打八不打

八打者，使之痛，痛昏迷，应手而即倒也。故眉头、双睛等处宜打之。八不打者，俱系伤命之处，其人罪不至死，不必取其性命。故太阳、锁口〔四〕等处宜避之。

八刚

刚能胜柔，如刚刀断肉，筋骨齐开；如石杆碎粉，渣滓尽化，一往莫御，直前不回。或者曰：『我刚矣，而彼亦刚焉，宁能胜乎？』不知特患，我非刚耳，刚则未有不胜者，即如美玉至刚者也。虽北宫之霜锋，若无所用；荆轲之七（匕）〔五〕首，困于难施，可谓刚矣。然一遇昆吾良刀，则切琢如意

〔一〕务，据文义，应为『悟』字之误。

〔二〕堂，据文义，应为『螳』字之误。后同。

〔三〕猪，据文义，应为『绪』字之误。

〔四〕太阳、锁口，均为穴位名。

〔五〕七，据文义，应为『匕』字之误。

而刚则不足言矣。夫诚有昆吾之刚，天下尚有不可胜之玉乎，而况柔于玉者乎！故太山〔一〕压顶，迎面直统（捅）〔二〕等手法可用也。

十二柔

柔能克刚，小能制大，彼鼠与象，相云悬绝矣。然鼠能由鼻入而食其脑，象力虽大，万不能防，一遇鼠穴，辄魂飞魄散，悚惧莫措，而鼠无论也。然养象之法，掘地四孔，令其踏之，永不敢动，此亦小可制大之验也。

彼玛瑙坚而至滑者也，马尾细而且柔者也。然欲割玛瑙，非马尾方不可，即此可悟『柔能克刚之理』矣。舌齿之喻，尤其显焉者也！见刚而回手者，吾已出手而迎截太猛，则回手以避其锋，缓手以挫其锐，而复进之，此即虚实、闪赚之法也。入手而偷手者，彼手方出，吾已抢先暗递，使不反（及）〔三〕防，或彼上我下，或彼园（圆）我直，彼手未到而吾手先得也，此种手法务要敏速。截手而滚手者，彼欲截我手，我即隧（随）〔四〕彼手滚入，使所截成空，左右上下最宜用之。掍手而漏手者，掍似截而圈，漏似滚而离，此亦开合收闭之法也。直通而勾手者，彼迎面直冲，吾接手勾入。高则上勾，矮则下勾，

〔一〕太山，出自谏逐客书，即泰山，位于今山东省泰安市。
〔二〕统，据文义，疑为『捅』字之误。后同。
〔三〕反，据文义，疑为『及』字之误。
〔四〕隧，据文义，应为『随』字之误。

里外交正，度势便用。采手而入手者，冷手一抓，我则随手而入，或回手勾滚，顺手扳搓，或未采而闪，或既采而叠，或中门正入，或里外反入。搂者，牵取也；磕者，旁拨也；扑者，下扑也。似按而冷挑者，上挑也。以上打法，与采入略同。开者，吾手入而彼外开之；叠者，滚漏回曲而复进也。粘手而破者，彼粘我手而欲擒拿之，吾即借势反掌，因其擒掌而擒拿之，则彼粘无用，吾手得力矣也。

以上手法，皆虚实开合，闪赚（展）滕（腾）那（挪）[一]，见刚而避，随隙而入。自然如行云流水，春蚕吐丝；迅刹如石火闪光，使人有拔山之力，难奏效于无人之境。陈百万之师，难击敌于不见之时。总之，飞杆千斤，击秋毛（毫）[二]而无损；青丝一线，击虎肾而有余；蜻蛚[三]斗鸡，无过闪赚（展）滕（腾）那（挪）之法；东青[四]戏鹅，只凭批郤导窾[五]之能。搏虎擒龙，随手而得搴旗[六]，将无往不利，故曰：柔能克刚也。

〔一〕闪赚滕那，据文义及语言习惯，应为『闪展腾挪』，乃指身法变化。后同。

〔二〕毛，据文义，应为『毫』字之误。秋毫，指鸟兽在秋天新长的细毛，比喻微小的事物。出自史记·项羽本纪。

〔三〕蜻蛚，即蟋蟀。

〔四〕东青，即海东青，鸟名。辽代，以海东青捕天鹅为皇帝春猎的重要项目。金代、元代时，女真、蒙古贵族也有用海东青捕猎的风俗，清代也设专人猎捕畜养。

〔五〕批郤导窾，指在骨头相接的地方切开，没有骨头的地方顺势分解；比喻善于抓住关键，顺势解决问题。其典出庄子·养生主：『批大郤，导大窾。』批，意为『用刀切』；郤，同『隙』，意为『缝隙』；窾，意为『空穴』。

〔六〕搴旗，拔取敌方旗帜。

七势集连拳总是十八凑

立就七样局势，将十八家手法凑成一处，连累递及，循环无端。如长山击蛇，首尾俱应；如金盘撒珠，一齐滚来，是谓『连拳』。

全身十二锤闪赚双手扣

十二锤者，合头、臂、胸、膝而言之也。扣者，如扣钮之扣，双手合势以护身也；闪赚，双手扣者，乍开乍合，速出疾收也。用之于己，则闭户不纳；用之于人，则杜门难出。

手法总论

取上打下，打下取上，里外翻车，务要身法活软，手法快利，忽起忽落，开合无定。提步入手，不分先后，手举而步即随之。长短倒顺，无不曲中，所谓手足相合也，故短打以『手足相合』为第一顺步。

债倩手者，彼已出手进步，吾即顺手打之，如彼来，自就我钟。故曰：倩，以逸待劳之法也。摇步入手者，将前腿往来一摆，后腿前出，十字成步，扭身以入也。缠封双掌者，两手合缠，双手直冲也。迎面通锤者，或出或精，而腿直统（捅），前后相接，一时齐到也。剿手砍掌者，行拳空缠，如牛鞭施旋击也。起手是剿，落手是砍，反正交互，中外齐举。反身疾入者，卖势欲走，转身回取，所谓回掌拳也。再者，取者（此）〔一〕打彼，打彼取者（此），反身倒步，左右连环，用辘轳之手。虽四面受敌，何惧哉？通背者，[illegible]〔二〕通展确，俱肘骨一根，穿背而用，后人学之。前伸后屈，前出后应，突入直撞，亦名『通背』。是谓七长，头锤、臂锤，俱系侧用。若入丛围，贴靠用密，亦可正用之。膊者，肩膊也；胸者，挺胸；膝者，起膝也。粘、拿、贴、靠，手足无措，此等宜用之。合两肘、四锤而为八短。我丈夫也，彼丈夫也，身同官骸〔三〕，有生同具。所争者，不过眼精手快，追赶不及耳。诚能神速变化，七长八短，浑身是手，彼虽[illegible]〔四〕招，安能脱哉？故曰：短打有招却无招也。

连拳歌

门者，出入之所，而掌拳、锤肘，皆由此出入也。中门者，对面正入；左右者，旁面侧入也。中门势宽，故有三十二门；左右势窄，故各十六门。真实中门通左右，左右通中门。从中门打到左右，从左右打到中门，上下并取，里外加功。有门，则由径以升堂；无门，则破壁而入室。即如翻车，则曰『卅六连拳』。又曰六十四，扩而充之，则有七十二变，粘而言之，则有八十一变。大而化之之谓『圣』，

〔一〕者，据文义，疑为『此』字之误。后同。

〔二〕[illegible]，此字难以识别，待考。

〔三〕官骸，指身躯、形体。

〔四〕[illegible]，此字难以识别，待考。

圣而不可〈可〉〔一〕知之之谓『神』。夫亦知短打之有神境乎？然而师旷之聪，不废六律；公输子之巧，必以规矩。〔二〕苟无法则，安所进取？故分为三门，连累贯通，以为有志者示之的焉云。

长拳即短打，短打即长拳

长拳为短打之刚（纲）〔三〕领，短打为长拳之条目，刚（纲）领所以提挈其条目，条目所以发泄其刚（纲）领也。蹿跳掍跌，长拳之所有也，短打中可无此身法乎。今人见人使拳者，一在天涯，一在海角，手无（舞）〔四〕足蹈，不知何为！为气尽力竭，未尝交手，即偶一打对一手、一脚，倏忽辄过，永不相犯，因曰『长拳不如短打』。不知此并非长拳也，即其长驱大进、横冲竖当而言之也。短打，即其短兵相接、贴胸靠背而言之也。原系一事，初无二理。故曰『长拳即短打，短打即长拳也』。

螳郎（螂）翻车变化总势

〔一〕可，据文义，似为衍文。

〔二〕此句典出孟子·离娄上。孟子·离娄上载，孟子曰：『离娄之明、公输子之巧，不以规矩，不能成方圆；师旷之聪，不以六律，不能正五音；尧舜之道，不以仁政，不能平治天下。』师旷，春秋时代晋国的乐师，善于辨别乐音，闻弦歌而知雅意。公输子，即鲁班。

〔三〕刚，据文义，应为『纲』字之误。后同。

〔四〕无，据文义，应为『舞』字之误。

增补短打九九八十一化歌诀

左右挂耳

起手左右挂耳，化为窝肚连通。太山压顶势非轻，底堂插花双掌整。

辘轳翻车紧接，翻车辘轳并用。翻上捎下不留停，手脚起止无定。

迎面直取

迎面直取前后跟，进步左右肘似轮。出指即使护眼手，抱头还使〈用〉〔一〕肘布心。

回手拳应太阴窟，须用头锤取眼根。双手抱耳在里靠，左右揽马次第寻。

底漏铁门

底漏化铁门，绲〔二〕手单赶月。鼻梁集双掌，坐肘取揽马。

起脚踢海底，剿手黄龙撒。提步渡一手，仰手捎一一。

黄龙摆尾

黄龙摆尾是剿手，咽喉底下来回走。回手眉头下一掌，变化挑肘入盘肘。

〔一〕用，据文义，似为衍文。

〔二〕绲，此字难以识别，待考。后同。

蹲身底堂打鹤膝，缠封提步双月收。回手还用堂（螳）郎（螂）打，反复不离双手扣。

太山压顶

压顶总是翻车化，左右摔捋打上下。海底取宝复一手，反（翻）〔一〕车又加双捆打，里磕外磕难招架。

左右双捆

左右双捆忙蹿跳，野马上槽取脚脘（腕）〔二〕。扑手入手咽喉撺，左右圈锤取脑眼。反（翻）车辘轳左右打，反（翻）车辘轳上下缠。一反一复无招架，虎抱双收逼手拳。

硬崩实挂

崩挂原从堂（螳）郎（螂）来，立劈中门揽马排。左右破膝横立锤，总是底堂黄龙摆。

螳螂砍劈

堂（螳）郎（螂）砍劈王郎传，细学堂（螳）郎（螂）来扑蝉。两脚踏定十字步，输（抡）〔三〕开两柄似闪电。

出指先点人中穴，摘星换月上下反。扳肩起膝入头锤，重整堂（螳）郎（螂）四外旋。

〔一〕反，据上下文，当作『翻』字。后同。

〔二〕脘，据文义，疑为『腕』字之误。

〔三〕输，据文义，应为『抡』字之误。

扣手翻车

扣手反（翻）车君须知，反（翻）车即是堂（螳）郎（螂）式。提肘铁门黄龙反（翻），缠封粘拿头中膝。滚漏崩捶砍劈手，连还（环）[一]倒卷左右出。四方八面风车样，才是堂（螳）郎（螂）谁敢敌。

此势长短并用

吾用左右挂耳，彼未有招手而不即入手者，吾即随手入手，化而为左右连通，此引手、入手之法也。再反上而为太山压顶，则中下全露矣。彼将乘隙来取我下路，故用底堂左右插花以逼之，遂即借势反（翻）车用辘轳之手，打下反上，取上打下，须有柳絮因风舞、桃花逐水流之致方妙。迎面直冲，而复加以前手跟后手。彼有退步闪招耳，吾即上步追赶而双肘递连，复护眼抱头而肘用布心。

值比（此）[二]兵荒马乱之际，彼招上之不暇而遑及底堂乎。吾即回手反取月窟，攻其不备也，使月窟受伤而未有腰弓。头出者，吾即头锤迎面击撞，打他个桃花又见一年春。速抱头里靠，逼其贯耳圈锤，而更取左右揽马散，他欲进不能，退亦难脱。

底漏，即尖义（叉）[三]之起手。铁门，即底漏之落脚。缐手有类缠封而赶月，总似反（翻）车双拳，

〔一〕还，据文义，应为『环』字之误。后同。

〔二〕比，据文义，应为『此』字之误。

〔三〕义，据文义，应为『叉』字之误。

即双捉所出揽马。系左肘之余气，起脚踢其海下，动手砍其咽喉，此一套中路纯妙手法也。提步复进一手，而仰手又捎一下者，所谓『临去秋波那一转，教他相我不顾』也。

黄龙摆尾者，双手剿砍不离咽喉之下。先掌而后肘者，眉头先下一掌，则起上招下。双肘可入者，欲入而先赚其门也。先肘后盘者，亦连还（环）之势也。底掌鹤膝，顺流而下也；双手赶月，倒卷而上也。回手堂（螳）郎（螂）而不离双手扣者，锤掌四出而闭门不纳也。落花满地随流水，不许涣泖[一]来问津。

太山压顶，即反（翻）车之出手连环递用，三山半落青天外，独拳单出，一锤打破楚江秋，更加以左右摔捋教也，立脚难矣。定而何暇打人，遂即海底取宝，而双捉集拳，则横竖齐到矣。磕手连递寻旧路，而回此一套上入、中出手法也。

左右双捉者，倒身横入，以一而敌三面之法也。蹿跳者，正交加一处，一步开闭，使不相及，忽又野马上槽，取其脚胫，俱是大开大合，冷入冷出，即冲围实（突）[二]群之法也。扑手穿其咽喉，掌锤取其脑眼，狮子抛球，而更进以反（翻）车辘轳，教他进退无路，左右难出，直打得停车坐受（爱）[三]枫林晚，霜叶红于二月花。至于虎抱双收、逼手入拳更完密，此一套双进双收、直入横出手法也。

崩捆，即堂（螳）郎（螂）之冷手。砍劈，系堂（螳）郎（螂）之侧掌，劈破中门而取其揽马，

〔一〕泖，此字难以识别，待考。

〔二〕实，据文义，应为『突』字之误。

〔三〕受，据文义，应为『爱』字之误。

复下底势打其鹤膝。总是将黄龙摆尾之手法用于底堂也。务要风行闪厉，一气赶成。

堂（螳）郎（螂）手法总是王郎所传，堂（螳）郎（螂）见蝉欲扑之，则虎抱辗转，罄控纵送，忽前而忽后，夺臂轻击，如迅雷不及掩耳。学之者，止（只）〔一〕可会言（意）〔二〕而难于言传。十字步者，便于四面旋转也。似闪电者，言其快利而勇猛也。点人中、摘星月，手法敏捷，须有蜻廷（蜓）〔三〕点水之致。扳肩起膝，石火电光，堂（螳）郎（螂）锦灿花簇，飞云当面化为龙，天娇横空纯是碧，此一套浑起、浑花（化）〔四〕之手法也。

扣手反（翻）车，即堂（螳）郎（螂）手法。堂（螳）郎（螂）者，不过将反（翻）车辘轳连贯，环而扣封不漏，使铁门、摆尾、缠封、粘拿等手法，随机应变，触手成打，四方八面，园（圆）满周洽，招打一片。

化者，随手而化，无中生有，有中辄无，官止神行，发不及觉，不可迹象之谓也。所谓分明，香在梅花上，寻致梅花香义（又）〔五〕无。有志此道者，照谱演炼（练）〔六〕，静心会悟，真传实受（授）〔七〕，

〔一〕止，据文义，当作『只』字。
〔二〕言，据文义，应为『意』字之误。
〔三〕廷，据文义，应为『蜓』字之误。
〔四〕花，据文义，疑为『化』字之误。
〔五〕义，据文义，似为『又』字之误。
〔六〕炼，据文义，当作『练』字。
〔七〕受，据文义，当作『授』字。

诚心敬意，久久自然得之，今不尽释也。

四方八面说略

四方八面皆一理，总是反（翻）车堂（螳）郎（螂）出。

招前当（挡）〔一〕后缠绕步，硬崩实摝点鹤膝。

打前取后卧肚锤，招上捎下取海底。

出身转身黄龙摆，闪赚（展）滕（腾）那（挪）莫心急。

里磕外磕逼手拳，野马上槽反身出。

反身只用捏捋打，滚漏背剑靠贴壁。

蹬扑掌是下底势，滚连抡背即忙起。

抱头双掌取揽马，左右插花破对膝。

各样肘法俱要用，手法不当难合理。

四方八面入丛围，闹里夺尊谁不取。

太极打，八卦打，挟山超海打，逐步为营打，冲围打，环攻打，顺反（翻）打，倒反（翻）打，流水打，回风打。

此势总是四方八面手法

〔一〕当，据文义，疑为『挡』字之误。

太极打者，用反（翻）车堂（螳）郎（螂）手法。四面旋绕，上下环转，反身剿步而叠如锤山，教人入手无路而触处受伤，所谓太极打也。

八卦打者，四方八面也。乾方起手，即合坎、艮、震、巽、离、坤、兑为八卦。坤方起手，则合乾、坎、艮、震、巽、离、兑为八卦，所谓爻变也。总之，一入敌场，便十面埋伏，点水不漏，随机应变，正不必拘此方位。初学之士，不得不衣（依）〔一〕此门路，以便后学。

挟山超海打者，打而即走，拳起步随，舍此取彼，横冲竖撞，如入无人之境，滕（腾）空（云）驾务（雾）〔二〕，飞来天上之锤。挟山者，言其重而有力；超海者，言其轻而转到也。

逐步[为]〔三〕营打者，步步是打，节节有拳，安定门户，随打随走，然亦须快利迅速，顷刻而过，四方八面满场是锤，始谓神奇。

冲围打者，挺身独立，被多人团团围住。虽有太极之打，使不近身，手脚不歇，能耐几时？欲用超海之势，恐围缠太紧，蹿跳有碍。即使逐步为营之法，而千重而叠，恐亦非顷刻所能。骤出者，则更有冲，冲打焉。冲围者，欲向东出则先西击，欲向左出则先右打，乘其不备而冲出之也。东边打则从东边出，西边打则从西边出。盖彼一起手来打，我便有空可冲出也。虚冲实打，虚打实冲，亦有挟

〔一〕衣，据文义，当作『依』字。

〔二〕滕空驾务，据文义，应为『腾云驾雾』。

〔三〕为，据前文所补。

山超海、逐步为营等打法在内。只是相形度势，速出圈外，非一惟浑打无已，此忙中偷间（闲）〔一〕、以一当千之要诀也。

环攻打者，彼众我寡，将彼圈在里面，我从外边循还（环）攻打也。进退绰绰，纵横如意，须要连环会合，如长辫束发，越缠越紧；如密纲（网）〔二〕搏（捕）〔三〕鱼，行走行收。

顺翻打者，顺步反手，上步进拳也。倒翻打者，剿步反手，转身出锤也。忽东忽西，行南行北，与逐步为营相类，但向里手多而倍加迅利耳。

流水打者，顺步追赶，马不停踢（蹄）〔四〕，如水之流而不合（舍）〔五〕也。

回风打者，欲去而先转，既去而复回也。故有大回风、小回风、单回风、双回风之别。大回风者，舍彼取此，已两不相及，而忽用超海之势，跃入本位也。小回风者，欲东向而西转，欲左攻而右旋，起手即回也。单回风者，或顺或倒，只一回而即前走也。双回风者，一倒、一顺、一左、一右，遂回遂走，即走即回，将倒翻、顺翻之打连环而会合之也。

炼（练）此打者，先用太极手法劈开门户，安八卦方位，将超海为营打法变换穿插，快利迅速，

〔一〕间，据文义，当作「闲」字。
〔二〕纲，据文义，疑为「网」字之误。
〔三〕搏，据文义，当作「捕」字。
〔四〕踢，据文义，应为「蹄」字之误。
〔五〕合，据文义，应为「舍」字之误。

刚健重着，复还原势，一步跳出而四方八面之锤成矣。

短打截脉说略

四时依候

四时者，春夏秋冬、换节易气、阴阳交会之时也。一年有一年之春夏秋冬，一日有一日之春夏秋冬。故子午卯酉月，宜用艮巽乾时；辰戌丑未月，宜用癸乙丁辛时；寅申己（巳）[一]亥月，宜用甲丙庚壬时。皆截其将交未交之时，而使之隔绝不交也。

子午定机

子居壬癸之乡，午居丙丁之位，卯居甲乙，酉居庚辛，此天地之正位，亦阴阳之正时也。天干地支，互易递更，如至十一月，则十一月为子，而五月为午矣。若至五月，则又五月为子，而十一月为午矣。故曰：子午定机。

十二时

人身，一天地也。天运十二时一周，人身亦十二时一周，天运一时一月，人身一时一经。天地之阴阳分中气，人身之阴阳分经络。经络即天地之节气，节气即人身之经络。同此阴阳之理，不易消长

〔一〕己，应为『巳』字之误，据文义和干支次序表所改。

之机。天地之阴阳息，则日星岳渎，混沌而不分。人身之阴阳息，则耳目官骸，昏迷而不觉。截脉者，不过点外以伤，准天以验人，使不之阴阳暂息一刻，将交之阴阳少停须臾耳。

六阴六阳

独阴不生，孤阳不长。独阴则有魄无魂，孤阳则有魂无魄。六阴六阳，时相配合，故时行物生，流动充满。坤之六阴与乾之六阳，两相配合矣。坎之五阴一阳，离之五阳一阴，亦会合而成六阴六阳。阳长则阴消，阴长则阳消。一阳长则一阴消，一阴长则一阳消。一阳，六阴所生而为一阴之变；一阴，六阳所生而为一阳之变。所谓消长有数，变化有机也。阴阳者，气也。天地之气不调，则风旱雨涝而时序失节；人身之气不调，则壅结疮瘇〔一〕而手足难移。况乎安时截之，使身之血滞气凝，百窍不通，而焉能动者乎？

天根月窟

天根阳也，月窟阴也。子为天根，午为月窟。干（午）〔二〕变而子，则月窟变而为天根；子又变而为午，则天根又变而为月窟矣。天根者，一阳之始，六阳由此长，六阴由此消。月窟者，一阴之初，六阴由此长，六阳由此消。冬至一阳生，夏至一阴生。冬至子月，夏至午月。故以二至定始终之气，以子午定循环

〔一〕瘇，足肿。

〔二〕干，据文义，应为『午』字之误。

之机也。

玄北（牝）〔一〕

玄北（牝）者，心下肾上，肝西肺左，阴阳之源，造[化]〔二〕之机也。

刀圭

阴阳并蒂，动静互根，如刀似圭，犹所谓偃月炉者也。

永（汞）〔三〕龙铅虎

配肺肝为龙虎，用心贤（肾）〔四〕为永（汞）铅，即所谓火龙水虎也。盖是窍也，先天而生，后天相接，天得之以清，地得之以宁，人得之以灵。上通泥丸，下贯尾闾，黄钟通理正位，居体在乾之下、坤之上，震之西、兑之东，坎水离火交媾之乡，阴阳会合之际也。

总而言之曰：玄北（牝），无二处也。有志者细悟此理，将五行八卦、天干地支悉会于当身，

〔一〕北，据文义，应为「牝」字之误。后同。玄牝，道教及修真术语。

〔二〕化，据文义所补。

〔三〕永，据文义，应为「汞」字之误。后同。

〔四〕贤，据文义，应为「肾」字之误。

以运行于十二经络之内，溽节受气已交，未合丝毛不爽，而一式之分筋截脉，直如由基穿杨〔一〕，久久破的；庖丁解羊（牛）〔二〕，处处申窍也。周身之穴窍经络，命名不一，前已言之详矣，此不过举其至要者，约略言之，以为有志此道者，参一解云。

十二时乃十二经分阴阳之要诀

十一月子胆经生在戍（戌）〔三〕，十二月丑肝经生在亥。

正月寅肺经生在子，二月卯大肠生在丑。

三月辰胃口生在寅，四月已（巳）〔四〕脾经生在卯。

五月午心经生在辰，六月未小肠生在已（巳）。

七月申膀胱生在午，八月酉肾经生在未。

九月戍（戌）包络生在申，十月亥三焦生在酉。

〔一〕相传春秋时楚国的将领养由基，善于射箭，能射中一百步外杨柳树的叶子。后来就用『百步穿杨』形容枪法或箭法非常高明。

〔二〕羊，据文义，应为『牛』字之误。庖丁解牛，典出庄子·养生主。

〔三〕戍，应为『戌』字之误，据文义和干支次序表所改。后同。

〔四〕已，应为『巳』字之误，据文义和干支次序表所改。后同。

金月（丹）〔一〕秘诀

行功之道，凝神聚气，回真反扑（璞）〔二〕，自无溢精之病。但初行之功时，气体未能安和，而血脉兼以壮旺，则溢精之病恐或不免，一溢精而前功尽弃矣。金丹秘诀为固精妙术，行功之暇，不妨并及之。

一擦一兜，左右换手，九九之数，真阳不走。

每戌（戌）亥二时，阴旺阳衰，宜解衣闭息。一手擦外肾，一手擦脐下，左右换手，各兜擦九九之数，仍盘膝端坐。先提……

〔一〕月，据下文，应为『丹』字之误。

〔二〕扑，据文义，疑为『璞』字之误。

绘像罗汉行功全式

提要

绘像罗汉行功全式，一册，清同治六年（一八六七）抄本，八十五页，其封页有破损，上有『拳论』二字，下方题署『丁卯年抄』。正文为行书，首页书『绘像罗汉行功全式』及『升宵道人重集』字样，无抄录者信息。此谱为山西省平遥县的张育人于一九八六年捐献，现藏于中国武术研究院，院藏编号为G852.1-5。

就内容而言，此谱主要辑录了清代升宵道人罗汉行功短打卷四的罗汉行功全谱，其曰『拳论』，实为各式功法。此谱与二〇〇九年山西科学技术出版社出版的少林衣钵真传卷二少林秘诀基本相同，只是未抄录少林秘诀中的『短打全式』『短打变式』以及器械部分。此谱的序文与罗汉行功短打卷四中『绘像罗汉行功全谱』的序文相近，但文中的『升霄道人』在此文中变成了『偷闲道人』。

抄本中记录该功法共十八总势、六十九小势。多数是将一总势分记为四小势，如『仙人拱手』分为『仙人拱手』『二回拱手势』『三回拱手势』『四回拱手势』；少部分将一总势分二、三、五小势。在抄本中，总势的简单记述与各小势的详细论述是分开进行的，每一总势以势名典故为行动意向，各小势则要求动作配合呼吸，使人体各部按要求屈伸、仰俯、高下、左右，以达『以意行气、以气摧力』之目的。另外，此谱有图七十幅，其中六十九幅为练功图势，最后一幅为人体『内观图』。

绘像罗汉行功全式影印

○繪。像。羅。漢。行。功。全。式。

○冰霄道人重集

○十八羅漢○詮功序○

○三教之遺風○皆有文武全備○後世譔擇導授○而莫奇於○十八羅漢○修身養性○提氣鍊道之功也○其心莫測○其性莫辨○其氣機秘○其道變化○驚焉駭焉○一天下也○分而為四○一世界也○累而為天地間大戲一臺○最靈者人物也○上而成仙了道○中而為君○為臣○平則存心○心法○至功滿道成○身健體壯○行乎有八门妙奥○靜則身[illegible]○動則似[illegible]架花大閙杆也○而已有中土○春夏秋冬○五[illegible]呼吸須練之

功。無邊無量。非比邪術異端口受心傳踴躍叩之。無不靈應

後人何不努力仰之。以期於有成乎。有雲苑觀道偷閒道人。

朝思暮想。訪知浙江少林寺。福居禪師。嵩授羅漢真傳。蓋

世無雙。意雖游蹤。心向仰望。不憚山川。雲遊嶗山。幸遇一

緇侶。談叙古今。言出非常。詢問根由。少林僧也。是以親敬

刻即求教。其初行功積力。演身担体。内有十八勢。八八六十

四卦之數也。行乎莫敵也。且身體堅硬。精妙無窮。定難

魁也。不然。惟恐不盡心耳。誠能治身怡性。操演百日。手起脚

舞空空玄玄。而竟莫知其所之。心快意樂。行手莫對也。如是奇矣。更有奇者。以乾坤交。以坎離既濟未濟。天地定位。水火不相射。山川通氣。雷風相搏。遂使太極、兩儀、四像、八卦、三百八十四爻。皆會歸於行功短打之內。一陰一陽一闔一闢。其為變易也。其為不易也。所以天下名之哉。習問其說。亦曰吾師。亦常師之。云尔吾師乎。吾不知其為誰乎。豈非三教一大弟子乎。吾故曰能解行功短打者。十八羅漢之徒也。

。渝澗道人集訂。

○西城羅漢得道真詮目錄

○仙人拱手

○束帶緊腰。偏氣全神。第一勢。

○交指反掌。推送雙手。第二勢。

○曲膝下腰。伏地施禮。第三勢。

○仰面朝天。凹腰腆肚。第四勢。

○霸王舉鼎

○雙手分水。兩腳掙力。第一勢。

雙搥分襠搬案騎馬第二勢

○大鵬挺翅全身使加第三勢

○力舉千金提杵騎馬第四勢

○金盤托肘全身積力第五勢

○左右捶花

○雙手扶鉅兩脚並立第一勢

○仙人指路騎馬曲膝第二勢

○單手過腦偏氣窒腹第三勢

○垂鈎抱腦、曲膝勾腳、第四勢、

○雙手交合、收功提氣、第五勢、

○枯樹盤根、

○犀牛望月、推送雙掌、第一勢、

○鷂子反身、窩裡抱攏、第二勢、

○海底撈月、曲膝下腰、第三勢、

○背面回手、貼兩閉收功、第四勢、

○夜人探海

○單手舉鼎第一勢

○單挻偏脇第三勢

○推窓亮格

○來往扭鉅第一勢

○提網撈加第三勢

○韋它獻杵

○胸前分手第一勢

○合手舉鼎第三勢

○曲膝撲地第二勢

○把灣拘水第四勢

○推山把水第二勢

○迎風進掌第四勢

○二郎担山第二勢

○騎馬收閉第四勢

○老僧入禪

○降龍伏虎第一勢

○分襠騎馬第三勢

○鉄牛耕地

○背面定息第一勢

○把力分筋第三勢

○青龍擺尾

○撐腿合手第一勢

○偏襠劈岔第二勢

○燕子雙飛第四勢

○並立偏穴第二勢

○攢拳積加第四勢

○仰鞭騎馬第二勢

○提步纏封第三勢

○左右騙馬

○扣手獨立第一勢

○燕子啅水

○抽梁還柱第一勢

○反身合手第三勢

○虎跻人身

○两脇扇風第一勢

○搖前攪後第四勢

○鉄门撜膝第二勢

○回馬撲蟬第二勢

○金鷄獨立第四勢

○四柱懸空第二勢

○死蛇揭地第三勢
○陳團大困
○井裡栽花第一勢
○刘全進瓜第三勢
○父子三請禮
○反身撞捉第一勢
○反身扣手第三勢
○鯉魚打挺

○胸前掛印第四勢
○攢拳劈岔第二勢
○浮水度加第四勢
○把力千斤第二勢
○霸王披弓第四勢

○黃龍反身第一勢　○曲弓扣絃第二勢

○張遼献袍

○起膝抱月第一勢　○撜力曲膝第二勢

○雙搥硬崩第三勢　○騎馬勒韁第四勢

○金鉤掛玉瓶

○避日交脛第一勢　○疊身存臂第二勢

○擎天玉柱第三勢　○行畢照前功仙人拱手站定

○用功密訣共記六十九勢

○行功全是要修養。勤學操練撞錘掌。鎖住心猿
○按意馬。壯起筋骨神氣爇。踏破鉄鞋迷人處起
○定子午分陰陽。若還積成全身加。與抄無窮、非
尋常。

○仙人拱手

○以呼吸定息。用偏气
○金神、是虚心、寔腹卷
○气血、生津、寔腹、一伏、
○丹田、气满虚心、鼻孔
○提气、存於心所其、自
○並行功積力气、粗則力壮、
○生魁治仇、

○兩脚並立、似繩拴鼻。
○孔提氣在心間。交指反
○掌全身加。往來抽錘
○手當氣。吸呼、定息、精
神爽。水火既濟小周天。
○陰陽交合轉輪處。沒
學只怕、志不堅。

水火轉輪

◎二回拱手勢

○當胸出手忙伏○礼曲膝下

○腰緊々伏底○氣如抽絲細

○々放○仰手偏氣反身起○兩

○脚撜進全身力○丹田還氣

○兩臂居○回手舉鼎双抱月○

○開合收閉肺吸々○

○土中生金、

○三回拱手勢

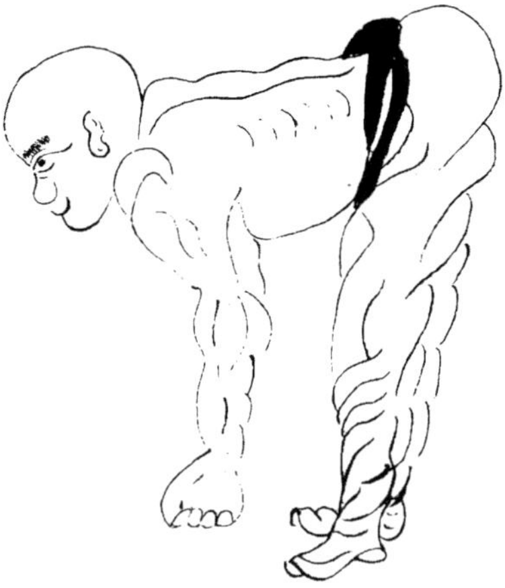

○兩脚積力双手捧。身

○似彎弓鯉鱼挺。回腰腆

○肚蹬盡力。二郎担山盤

○腦鼎。回轉却用丹田氣。

○攢捶偏脇再重整。

○四回拱手收功势

當胸分手兩腿撐燕兒挺翅懸空〻肛門一閉水火靠双耳桂紅蟬丁〻起落全要兩臂力曲腰下膝腳輕〻行宮如要掌得妙時刻常存心就〻

○霸王舉鼎

○分水搬岸立后脊○大
○鵬挺翅蹲千里○攢拳
○盤鼎忙提氣○緊咬牙
○関腮貼壁○推山用盡
○拔木力○氣如抽緣定
○氣息○

○二回擧鼎勢

○跨馬勒韁倒提杆○一起
○一落千斤舉○曲膝用盡丹
○田氣○兩手抓定反身起○凤
○擁海水升太陽○盤鞍挑鐙
○偪夔膝○按定心火資腎水○
○胸前挂印行千里○

○三回舉鼎勢

○攢拳分膪變偪膝●四肢蹬
○力悠悠起●腰肩度盡全身
○力●擁倒大行●變手舉●呼吸
○定息●養神氣運動尾呂
○轉腰脊

○四回舉鼎勢

○兩手擎天寶玉柱、
○雙手往來似撲地提
○滿氣息壯筋骨陰陽
○順逆應節氣伸開
○三百六十節氣血合合
○過人力乾天坤地擁
○太陽鳳凰展翅雲遮日
○把力伸筋

○五回擎鼎收功勢

○踏地蹬膝似抽鉅○提
○肩攢拳吸兩○閉氣虛
○力怯眼生花○何須勉
○強積滿力○行功悠悠
○終須成○莫到烟花
閒遊戲○
○火鍊金丹

○左右插花勢

○仙人指路騎馬勢曲膝抱

○脇提滿氣、〻滿二十四肢節、

○吸肺下腰脚蹬加、起膝

○盤腿反身轉。回手合掌

○貼兩閉如閉、心機即一刻、

○一旦豁然貫通處、

○轉輪成功

○二回插花勢

○推山拔木過頭力。積成

○騙脇一一氣。左右皆同是

○一樣。陰陽交合轉太極。

○功成全在子午定。鉄打

○屋梁莫思慮。

○磨梁成針

○三回插花勢

○單手過腦取脚梢●提氣

○騙脇慢下腰●曲膝挑撜全身

○力●智深拔柳萬文高●挺胸

○腆肚偏變拳●反掌合手立

○樹苗●滿腹處盡千金力●氣

○如插緣陰陽交●

○陰陽合●合●

○四回插花勢

〇兩手交合盤腦頂。二郎
〇担山肩背竦。丹田度盡
〇兩臂力。亞賽九里霸王
〇勇。收腿兩脚變並立。
〇呼吸定息神氣。整若
〇還學盡十八。勢一团八
〇百緣夢醒。
〇四肢撜力

〇五回梅花收勢功

○犀牛望月推雙和○

○反身扭腰胸○前走○偷

○步纏勾偏单膝○一出

○一入積雙肘○還轉須

○用兩腿力○提氣呼吸收

在口○

○金丹還轉

○枯樹盤根

○攢拳腆脇出當胸○

○一來一往似沖風○太山

○壓住頂梁穴○偏住肚

○門氣挺胸○傳盡花卻

○與柳巷○按住心火臂

○不驚○回头便知卻是

○岸○空即是色々即空○

○二回盤根勢

○海底撈月胸對膝。兩手

○撲地宜一尺。鼻內抽緣一口

○氣。轉身扭腰悠悠起。金盤

○托住列金進。兩脚踏定立

腰脊。

○吞津服藥

○三回盤根勢

○雙手抓任天边月○背面

○攢拳倆兩脇○呼吸蹬盡

○英雄力○細如牛毛至不

○滅○欲要功夫求速○成期

○定手午分晝夜○調息

○一在對刻数○挂印升

○坚將排列○

○要訣

○四回盤根勢

○夜叉探海

○一手倚脇一手舉。一上○一下反身起。兩腿度○盡腰筋力。藏光含泥○身伏底。方寸按定一○口氣。兩手左右上下擗。○渾身使盡過頭力。閉○目金神定氣息。

○曲腰抓地鰈双腿獅子
○揺頭大擺尾○恰似单
○背擒方臘○功成力勇志
○不毀○仰手擎天賽玉柱○
○螳螂撲蟬双手擂○挺
○功站定整神氣○壓住
○心火運腎水○
○水火总積

○二回探海势

三回探海勢

攢拳肩脇忙扭腰。兩膀廢力向樹梢。伸筋拔力生氣血。推動太極陰陽交。反手合掌調氣息。功成以畢自然高。

轉輪成功

〇四回探海收功势

〇腆腸下腰資腎水，蹬

〇力提肛纏勾腿，直腰挺

〇屈兩膝力，反天覆地似

〇海龜，收功即用双翅展，

〇鯉魚反身龍擺尾，兩

〇脚踏地雲服土，々培花

〇根花蕊，生

養氣血

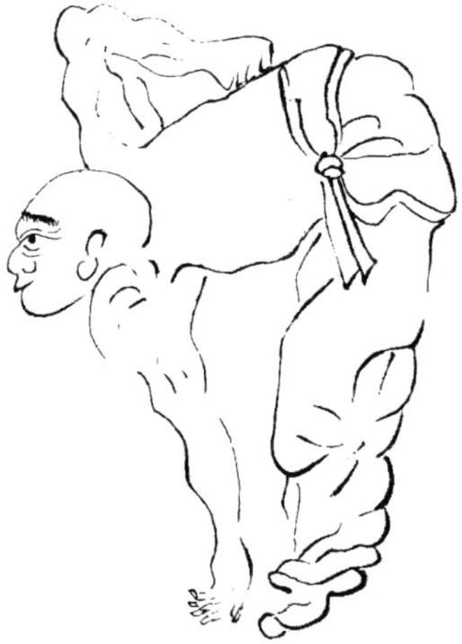

○纏封合手閉任氣一出

○一入全身力○鷂子反身迎

○風膀○一來一往似抽鉅○磨

○精鏡繞閉心竅○胆水往來

○肋兩日○如同趴踏連環腿○

○氣盈兩膀膊兩閉○

○日月生光

○推窗亮格

〇度力推動太行山。做学
〇冲風馬撒轍。回手拉倒
〇黄金塔。竪力長存在身
〇边。能戒酒色並財氣。敢
〇比長眉李太仙。若能調
〇息陰陽轉。天作人身人
比天。

〇二回推窗勢

○三回推窓勢

○騎馬拽鞭手提韁躐

○山跳澗揔不荒兩膀蹬尽

○全身力身似玉柱腿賽

○梁二十四節蹬鉄壁轉

○逰泥灣放日光

○周天轉合

○順步推双掌○出手連声响○纏封四平勢○提氣度兩膀○推出天边月○還步院门闔○調息要还轉○一來即一往○拳到氣合血○一旦筋骨壯○

○四回推窗收功勢

○提氣立脊壯筋骨。開合

○收閉鷹鳳舞。撑腿合手

○蹬滿力。挺胸腆脇似擂

○鼓。欲得存孝搏虎力。四

○時行功要勤苦。

○排力底功

○韋陀獻杵

餐

○鳳凰展翅積兩肩○兩
○背架住太行山○丹田氣
○滿挺胸膈○双脚踵定緊
○閉関○何愁棍棒遍身打○
○擬定神氣放心寬○一旦
○豁然功成時○可以延寿
作地仙○

○潤賢助水

○二回献杵势

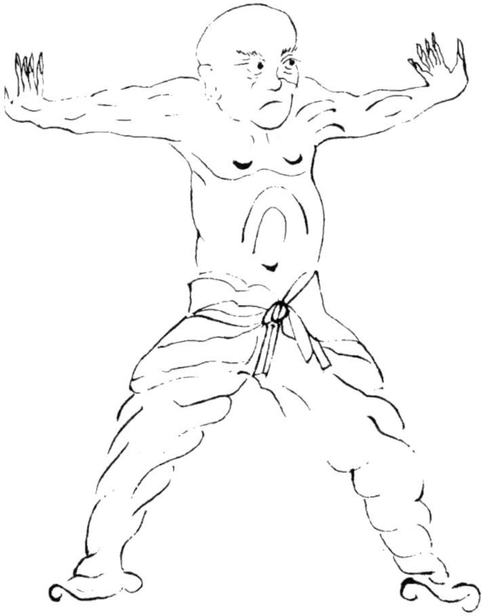

○兩脚踏平地
○肘膝齊使力
○合手攀当頂
○百節積滿氣
○任君遍身打
○千斤有何懼
○最忌分時刻
○截斷陰陽氣
○若遇截脉客
○挺身湧太極

○三回獻杵勢

○騎馬挺脊兩分穩○双手
○勒定意不慌○肘膝使尽
○滿腹氣○頭似鉄鎚更
○加釘○拳手最怕二換氣○
○面前生花却难当○要诀
○全是養氣血○戒住房事
有何妨○
○志誠可矣

○四周献杵收功势

○撐腿膕脇緊閉襠。明心見
○性眼生光。止是老僧坐禪時。
○風擺竹影照紗窗。一盞明灯
○吹不滅。夢想紅娘到西廂。
○盲着床傳書柬。小僧性烈
○硬如釘。功成志滿按不住。何
○須見佛求西方。
○清淨悔悟

○老僧入禪

○下腰鋪地勢○使盡兩膀加○

○百節筋骨合○須要腆兩閉○

○挺腰盼日月○肛门要緊閉○

○心腎夠見面○水火須既濟○

○周天遍身用○火車轉太極○

○二回入禪勢

三回入禪勢

二十四節一條脊陰陽

轉合在尾閭肛門提

起一口氣河螞浮水跨

井底蹬膝立腰似石

杵若得學成金中罩

何怕鎗刀並劍戟

腿賽石柱双手挺自然而然氣力猛走行長存過人加单背擎住千斤鼎收功全要定氣息两腎火水似蟹蚣習成十八羅漢勢敵比李逵下山勇

四回入禪收功勢

〇鉄牛畊地势

〇垂簾塞對調氣息。

〇舌柱上卧、立后脊。反陰

〇復陽细如絲。心火下降

〇腎水举。陰中生陽〻生

〇陰。天地萬物皆一理。用

〇功纯学生氣血。且、壮、筋

〇骨更坚俸。

○把住三関度尽力提○

○起肛门閉住氣○身倚

○堅壯硬似鉄○亞賽金

○梁似玉柱○遍身血湧隨

○氣走○周流江河全不惧○

○切要成功人前显○身莊

○不漏亮徒避○

○獨立閉穴

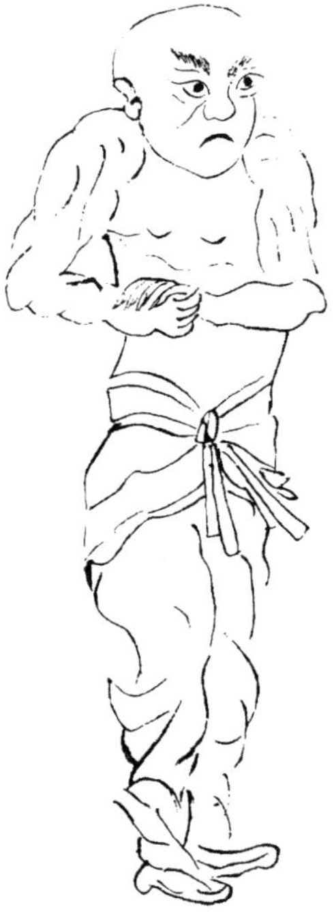

○二回畊地扮

○欲行此功难受若○攒拳伏地

○分骨筋○两膀度尽腰腿力○更

○比長山子龍武○心頭若存一

○口氣○咬牙切齒似猛虎○双手

○拳成鷹爪加○亞賽鋼刀強

似斧○

○重手

○三回耕地夯

○把住手腕挺兩偏●撑定

○鉄牛耕陳地●合手上下往

○來去●吸起肺金一口氣●

○欲得工夫十二成●總是伸

○筋宜把力●整頓精神合

○氣血●一切收功照前勢●

○靜立收功

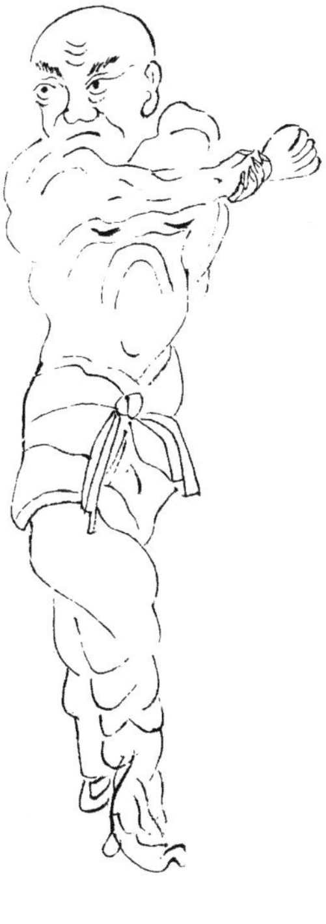

四回耕地收功勢

○尾閭一拳存心口緊閉○牙関忙擧手○左右盤旋○腿相邀○身似釭鑽風擺○柳○四肢度尽滿腹氣○行○使起膝将盤肘○一來一○往双刀劈○前蹬后撲回○馬走○

○伸筋把骨

青龍擺尾

○面前捧手似車輪●摠是
○拔力要伸筋○一條腰脊
○左右摺○兩脚踏地緊隨
○身○積力全要養氣血●行
○功最忌氣兩分●陰陽合、
○徧身轉○呼吸定息腤
沉吟●
○盤旋四肢

○二回擺尾勢

○兩膀撐成一股加○滿腹提

○吞一口氣○双手擺尾忙偷手○

○曲膝掙腿脚踏地○遍身一

○百二十節○春夏秋冬按四季○

○陰陽一在分時刻○没氣滿

○節未没氣○

○四季和平

○三回擺尾勢

〇按定氣息撩双掌〇風擺
〇樹梢耳边响〇揔是肺金一
〇口氣〇搖動肝木氣血廣〇要
〇訣全在坎离定〇若動意
〇念心腎恍〇百日功成拿得
〇準四海雲遊無遮当〇
〇百日成功

〇四回擺尾收功勢

○立起腰脊手当胸三起三

○落腿懸空。獨立朝綱千斤

●舉。松鶴弟手却去青。吸起

●脾土培根基。如得開竅豈

○背鬆。下腰鋪腿緊伏地。能

○架車輪穿可驚。纔是功成

○點、人處。九牛二虎力不輕。

○左右騙馬

○井底栽花提滿氣○蹬尽腰脊跟
○鋪地○拳動須要連三次○腿懸當
○坐千斤力○長行積成一股○勁串
○碾馬蹬莫驚懼○氣盡力怯○壯筋
○骨○功成只、得行百日○惟恐轉意志
○不堅○伸筋拔力有何趣○

○二回騙馬收功勢

○推梁換柱雙手分一左一右
○兩捎身。蹬盡肘膝一股加。手
○起腳落盤腰筋。提起丹田
○腰脊轉。惟恐氣息調不真。
○一成工夫十分加。搖動肝木
○吸肺金。干決叅緒有何慮。
○時〻勤學得細心。

○

燕子啅水

○輪開双手上下劈。一反一摺忙

○叠膝。中心閉住一口氣。回手扭

○腰反身起。崩挑蹬力手撲地。

○左右盤膝旋立腰脊。兩腿用尽全

○身力。鷹拿燕雀連三岸。揔是

○滿腹一股觔。一呼一吸調氣息。

○二回啅水勢

○在湧泉○兩手托定日共月○鎖住
○心猿是真鉛○北平安居星辰轉○
○十二時刻面朝參○氣行一百二
○十節○血湧江河小周天○把住全
○在一時刻○失之最易保之難○
○今朝若不回心轉○悔想桃園三
洞仙○

○二回陣水勢

○四肢搖動氣停胸。獨立

○起膝懸空。擇澗百節

○合筋骨。左右起手耳生風。

○若能兩膀千金力。方纔興

○人賭輸贏。身体受尽萬

○般苦。切磋琢磨硬成功。

○四回啅水收功勢

〇虎跨人身

〇站定神氣立住跟提

〇起湧泉蹬脚心〇挺胸膛

〇脇兩臂閉〇出手伸筋十指

〇分〇提起滿腹全身加〇陰陽

〇合合氣血均〇四腰膛肚手撲

〇地〇攢聳聳攢節節準〇周兩

〇復始分晝夜〇宛住尾呂重

〇分金〇

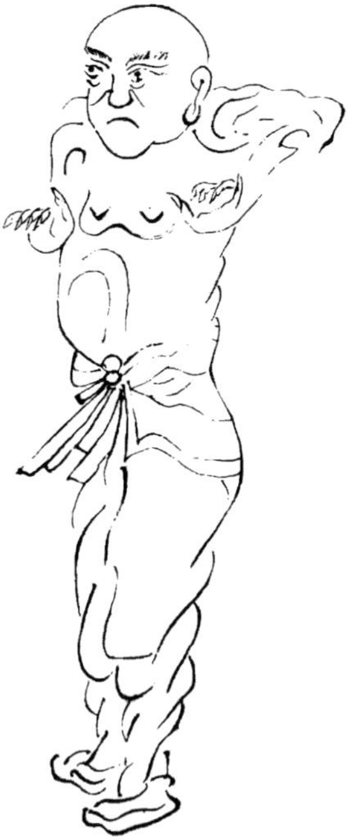

〇立起四柱挺起身自然而然架
〇千斤前撲后蹤伸筋骨提起氣
〇分並血分氣湧三百六十節周流
〇合血徧舒筋四肢蹬尽周天氣閉
〇任肛门即反身吸呼定息悠悠
〇放龍虎交會便要心子午卯
〇酉安時刻一徧成功一徧親

〇二回虎蹲勢

○滿腹壓住一口氣。手腿蹬盡全
○身力。前撲后縱連〻蚣。胸撲悠
〻手按地。狼行虎步悠〻轉。圓轉
○尾閭肛门閉。呼吸定息手当胸。
○兩腳合〻並跕立。提起蹬力挺腰
○脊千斤壓頂有何懼。

○三回虎奔勢

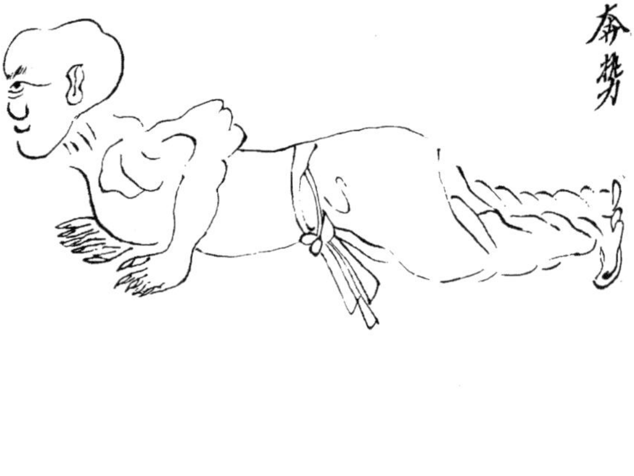

提起一口氣。抖抖兩膀加。

用手双抱月。蹬膝脚踏地。

丹田使氣滿。擎天寶玉

柱。收功開叟手。攢拳貼

兩渊。氣血能調養。圓轉

筋骨處。

四回虎奔收功势

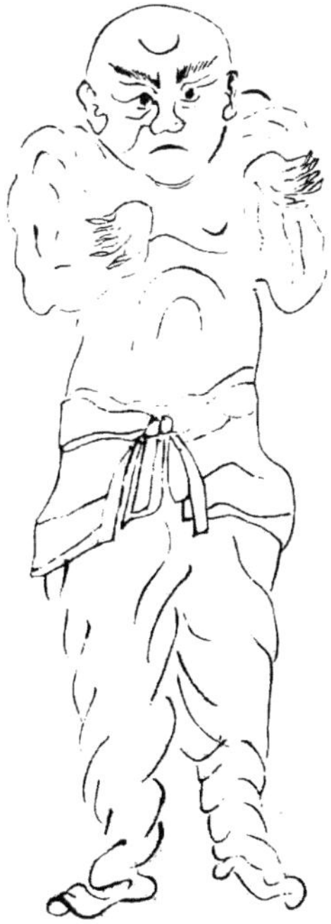

○老僧訪學陳坨眠起腿蹬
另膝云云。滿腹提盡丹田氣。曲肱
○而枕休厭煩。鋪腿下腰立后脊。日月
○生光在日前。玉兔東升還來醒。金
○烏西墜却入禪。生平受盡二子罪。
○若於偷花非等閒。若能志堅成功
○滿。陰陽兩分莫貪戀。

○陳團天圈

〇僧入禪堂不怠慢功成一畢都

〇纏眠。尋常不敢伸足睡。一床錦

〇被半床閑。惟有小僧不守分。每夜

〇發狂欠安然。一場好夢不得作。須

〇要忙裏且偷閒。人生天地無樂趣。

〇重整鴛鴦再合歡。双手抱住心猿

〇意。一腿長伸一腿捲。

〇周轉腰臂

〇二回大困勢

○傳作禪堂不計年龍○虎交會莫胆寒○双手抱○定日合月○陰陽合〻雞抱○卵○貴门分開陰陽路○瓜熟○蒂落左右旋○天気下降地○気轉○兩平推送頂梁懸○二○十四節却分〻○如蹬貼壁判○泥灣○

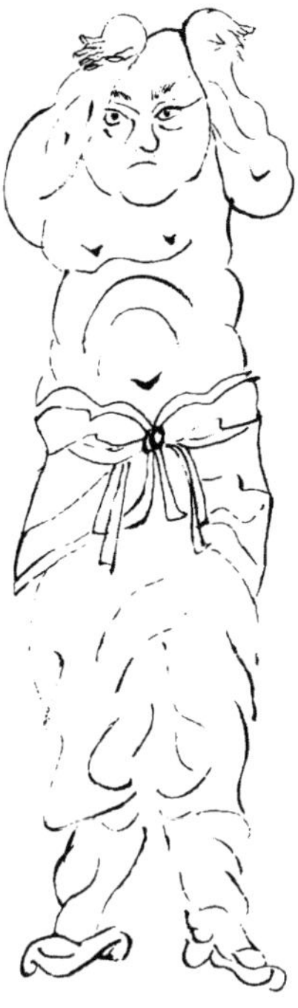

○三回大困势

〇彭祖壽活八百年。豈是俗〇人大非凡。摠是陳摶作一夢。〇復陰返陽都回還。擱々身体〇伸々足。渺々冥々在眼前。閉〇々精神調氣息。功夫重整〇時不閑。若人習成懶漢睡坐〇臥行立不記年。

〇四回大周收功勢

○提起扭腰攔捶掌反身
○十字左右亂○中須自然、功
○有、成○何必怒力使勉強○挺
○：脚心蹬滿力○轉、腰臂細
○回想○陰陽兩分有何慮○揔
○是個氣要修養○

○父子三請禮

○拔尽氣力蹬千斤。吸起氣
○分虛起心。陰陽交合遍身
○走氣行百節須要侵一處
○不到一處迷。惟恐氣息調不
○真功。成便得十二竅。一竅
○不明暗沉吟。智慧全在一時
○刻。不滿功成不毀心。

○二回請礼势

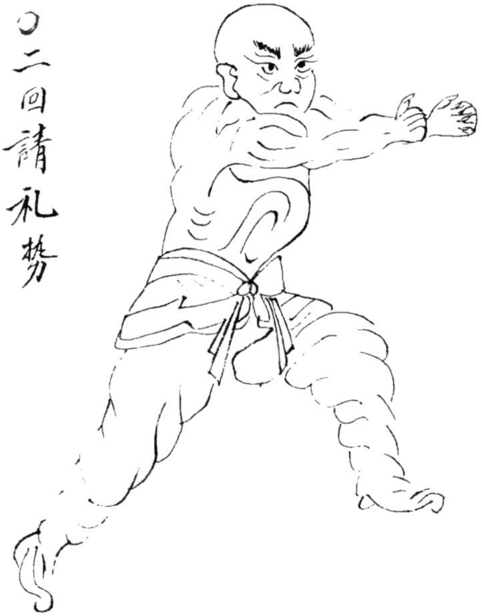

○轉身回头脚並立扣住

○双手提满気○扭腰捶崩

○怯挣腿○提步蹬尽全身力○

○左右還轉高拱手○下気一

○定肛门闭○気血合〻筋骨

○强○十二時刻應節気○地気

○上升天気降○陰陽交合轉

太極○

○三回請礼势

〇回身拔力伸骨筋〇拽弓

〇搬弦須兩分〇掙開兩腿氣

〇要滿〇氣行未至血不均〇遍

〇身三百六十節〇功成無力氣

〇不真〇分開陰陽調氣息〇懷

〇恐子午定不親〇酒色財

〇氣不能戒〇枉費徒勞一

片心〇

〇四回請礼收功勢

○手脚抓地反身挺。蹬尽気力

○血気勇。凹腰腆肚合筋骨。

○功成未滿力不猛。身堅体壯

○非容易。調調気息再重整。十

○八门路用不尽。各有奧妙竅

○未醒。經師不及訪友妙。霊心

長存成一總。

○鯉魚打挺

二回打挺勢

抓牆貼壁似灣弓。仰面朝天氣挺胸。腳踏平地蹬滿力。挽轉尾呂腰懸空。要訣總是養氣血。筋强首突大非輕。莫嫌此功無去處。能戒酒色速成功。

○提肩推掌起单膝、挺々湧

○泉轉尾、呂丹田閉住一口氣、

○湧開兩脅串、后脊氣行血

○足功成、滿四時用功莫心急

○呼吸、定息養神氣曲膝

○下腰緊伏底

○張遼獻袍

○疊膝蹬力腿鋪。地推送
○双手提滿氣。提起两臂扛
○下腰。緊咬牙關肛门閉。伸
○開百節生氣血。合〻筋骨
○全身力。功夫長存安时少。
○力舉千斤有何慮。

○二回獻袍勢

○搬拳獨盡兩膀力○騎馬提

○满丹田氣○緊咬牙關推双手○

○折二腰臂腿鋪地○下腰單

○膝伸腿叠○一来一往似抽

○能○合々筋骨神氣壯○氣力

○血走肛门闭○

○三回献袍势

○提肩勒綱蹬千斤○手

○起手落緊隨身○掙開

○兩腿提滿氣○湧開氣分

○並血分○功以百日陰陽精○

○氣以百節血養筋○舂煉

○四季應節氣○氣以節應

○節節親○

○四回獻袍勢

○半夜用功身勞苦○期定

○陰陽分子午○調滿氣息脚

○交脛○双手避日伸筋骨○舒筋

○和血養修壮○一反一折兩手撲○

○心猿意馬鎖不住○氣盡力怯

○血未足○接定方寸養神氣○立

○見效驗成功速○

○金鈎挂玉瓶勢

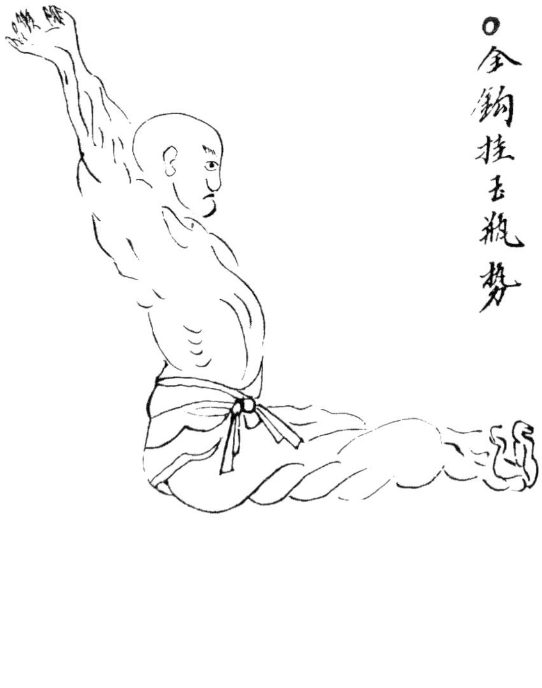

○寬轉尾呂慢折腰双手
○並合奔脚稍。滿腹壓存
○一口氣。運動水火陰陽交。
○拔力伸筋以氣血。僧入禪
○堂夜难熬。只夜以功安
○時刻。不滿功成豈心目消。

○二次挂鉤瓶勢

○力拳擎天掌。氣滿身子
○壯。蹬尽兩腿力。百節々筋
○骨响。血走陰陽合。氣々精
○神爽。功成三冬煖。力怯英
○勉張。晴々得勤苦。總是
○要脩養。

○三次掛瓶勢

○内觀圖

○用功行氣內理要訣全圖

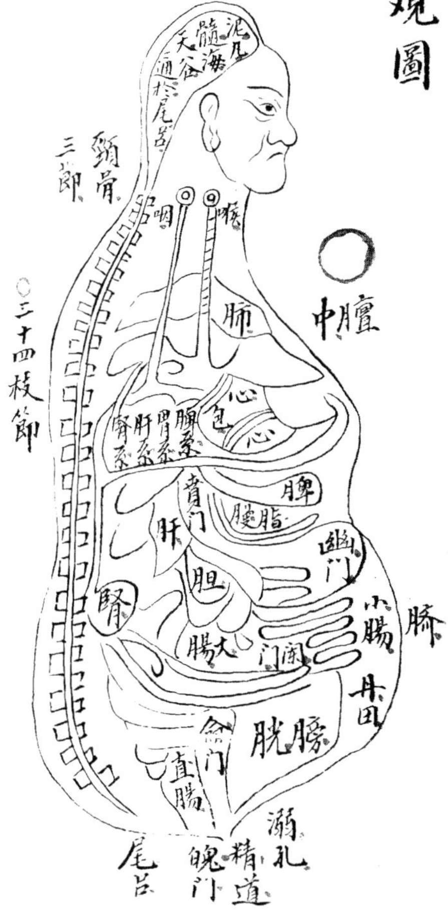

○功成總是善調氣春夏秋冬安四季水火既濟周

○天轉○生尅制化應節氣○身堅倚壯妙不盡○心快意樂

○得機秘○與妙無窮乾坤交○不悖山川雲遊處○幸會

○偶遇蓬萊客○望觀海湧太陽戳○西望瑤池參王母○亞

○賽蟠桃群仙聚○

○四方五行四時五臟

○東方屬木○木旺春○木屬肝經○肝主筋○木當令

○南方屬火○火旺夏○火屬心脏○心主血○火當令

○中央屬土○土屬脾○四季和平○脾主肉○土當令、

○西方屬金○金旺秋○金屬肺膛○肺主氣○金當令、

○北方屬水○水旺冬○水屬腎膛○腎主骨○水當令、

绘像罗汉行功全式校释

绘像罗汉行功全式

升霄道人重集

十八罗汉诠功序〔一〕

三教之遗风，皆有文武全备。后世撰择遵授，而莫奇于十八罗汉，修身养性，提气炼道之功也。其心莫测，其性莫辨，其气机秘，其道变化，惊焉，骇焉！一天下也，分而为四；一世界也，累而为天地间大戏一台。最灵者，人物也，上而成仙了道，中而为君为臣，平则存心□法。至功满道成，身健体壮，行乎有八门妙奥，静则身□□寿，动则似乎架花大闹杆也。而已有中土，春夏秋冬，五□□□□□□□呼吸演练之功，无边无量，非比邪术异端，口受（授）〔二〕心传，踊跃叩之，无不灵应，后人何不努力仰之，以期于有成乎？

有云花观偷闲道人，朝思暮想，访知浙江少林寺福居禅师，密授罗汉真传，盖世无双，意虽游亏，

〔一〕此序文与罗汉行动短打卷四中『绘像罗汉行功全谱』的序文相近，但文中的『升霄道人』在此文中变成了『偷闲道人』。

〔二〕受，据文义，当作『授』字。后同。

心向仰望。不惮山川，云游崂山，幸遇一缁侣〔一〕，谈叙古今，言出非常。询问根由，少林僧也，是以亲敬，刻即求教。其初行功积力，演身担体，内有十八势，八八六十四卦之数也，行乎莫敌也。且身体坚硬，精妙无穷，实难得也。不然，惟恐不尽心耳。诚能治身悟性，操演百日，手起脚舞，空空玄玄，而竟莫知其所之，心快意乐，行手莫对也，如是奇矣。更有奇者，以乾坤交，以坎离既济未济，天地定位，水火不相射，山川通气，雷风相搏，遂使太极、两仪、四像（象）、〔二〕八卦、三百八十四爻，皆会归于行功短打之内。一阴一阳，一阖一辟，其为变易也，其为不易也，所以天下名之哉。习问其说，亦曰：吾师亦常师之云尔。『吾师』乎，吾不知其为谁乎！岂非三教一大弟子乎？吾故曰：能解行功短打者，十八罗汉之徒也。

〔一〕缁侣，即僧侣。
〔二〕像，据文义，应为『象』字之误。后同。

西城（域）〔一〕罗汉得道真诠目录

仙人拱手

束带紧腰逼气全神第一势　交指反掌推送双手第二势

曲膝下腰伏地施礼第三势　仰面朝天凹腰腆肚第四势

霸王举鼎

双手分水两脚挣力第一势　双捶分裆搬案（鞍）〔二〕骑马第二势

大鹏挺翅全身使力第三势　力举千金（斤）〔三〕提杵骑马第四势

金盘托月全身积力第五势

左右插花

双手扶钜两脚并立第一势　仙人指路骑马曲膝第二势

单手过脑逼气实腹第三势　垂钩抱胁曲膝勾脚第四势

〔一〕城，咸丰五年（一八五五）抄本罗汉行功短打（后文凡引此书，简称罗汉行功短打，不再注明版本）作『域』字，当是。

〔二〕案，罗汉行功短打作『鞍』字，当是。

〔三〕千金，据文义，应为『千斤』之误。后同。

双手交合收功提气第五势

枯树盘根〔一〕

犀牛望月推送双掌第一势　鹞子反（翻）〔二〕身窝里抱捶第二势

海底捞月曲膝下腰第三势　背面回手贴两〔三〕闭收功第四势

夜义（叉）〔四〕探海

单手举鼎第一势　曲膝扑地第二势

单捶逼胁第三势　把湾拘水第四势

推窗亮格

来往扭钜第一势　推山把水〔五〕第二势

提网拯力第三势　迎风双掌第四势

〔一〕枯树盘根，罗汉行功短打作『楛树盘根』，义同。楛，山海经注云：『大木之奇灵者为楛。』

〔二〕反，据文义，当作『翻』字。后同。

〔三〕罗汉行功短打无『两』字。

〔四〕义，据文义，应为『叉』字之误。后同。

〔五〕推山把水，罗汉行功短打作『推山拔木』，山西科学技术出版社出版的少林衣钵真传（后文凡引此书，简称少林衣钵真传，不再注明版本）作『推山把木』。

韦它（陀）〔一〕献杵

胸前分手第一势　二郎担山第二势

合手举鼎第三势　骑马收闭第四势

老僧入禅

降龙伏虎第一势　逼裆劈岔第二势

分裆骑马第三势　燕子双飞第四势

铁牛耕地

背面定息第一势　并立逼穴第二势

把力分筋第三势　攒拳积力第四势

青龙摆尾

撑腿合手第一势　仰（扬）〔二〕鞭跨马第二势

提步缠封第三势　招前挡后第四势

〔一〕它，少林衣钵真传作『陀』字，当是。后同。

〔二〕仰，据文义，应为『扬』字之误。

左右骗马

扣手独立第一势　　铁门拯膝第二势

燕子啅（啄）〔一〕水

抽梁还柱第一势　　回马扑蝉第二势

反身合手第三势　　金鸡独立第四势

虎奔人身

两胁扇风第一势　　四柱悬空第二势

死蛇揭〔二〕地第三势　　胸前挂印第四势

陈团（抟）〔三〕大困

井里栽花第一势　　攒拳劈岔第二势

刘全进瓜第三势　　浮水度力第四势

〔一〕啅，据文义，当作『啄』字。后同。

〔二〕揭，少林衣钵真传和罗汉行功短打皆作『搨』字。

〔三〕团，据文义，应为『抟』字之误。

父子三请礼

反身撞捶第一势　把力千斤第二势

反身扣手第三势　霸王掖弓第四势

鲤鱼打挺

黄龙反身第一势　曲弓扣弦第二势

张辽献袍

起膝抱月第一势　拯力曲膝第二势

双捶硬崩第三势　跨马勒缰第四势

金钩挂玉瓶

避日交胫第一势　叠身存肾第二势

擎天玉柱第三势　行毕照前功，仙人拱手站定。

用功密诀共记六十九势〔一〕

行功全是要修养，勤学操练撞锤掌。锁住心猿按意马，壮起筋骨神气爽。

〔一〕罗汉行功短打无此内容。

蹅（踏）[一]破铁鞋迷人处，起定子午分阴阳。若还积成全身力，奥抄（妙）[二]无穷非寻常。

仙人拱手

以呼吸定息，用逼气金（全）[三]神。

是虚心实腹，养气血生津。

实腹，一使丹田气满；虚心，鼻孔提气存于心。

听其自然，行功积力，气粗则力壮。

【生克治化】

二回拱手势

两脚并立似绳拴，鼻孔提气在心间。

交指反掌全身力，往来抽钜手当先。

吸呼定息精神爽，水火既济小周天。

阴阳交合转轮处，后学只怕志不坚。

【水火转轮】

[一]蹅，据文义，或为『踏』字之误。后同。蹅，意为踩、在泥水里走。

[二]抄，据文义，应为『妙』字之误。

[三]金，据文义，应为『全』字之误。后同。

三回拱手势

当胸出手忙使（施）礼〔一〕，曲膝下腰紧伏底。
气如抽丝细细放，叩（扣）〔二〕手逼气反身起。
两脚拯（蹬）〔三〕进（尽）〔四〕全身力，丹田还气两肾居。
回手举鼎双抱月，开合收闭肺吸吸。

【土中生金】

四回拱手收功势

两脚积力双手捧，身似湾（弯）〔五〕弓鲤鱼挺。
凹腰腆肚蹬尽力，二郎担山盘脑鼎（顶）〔六〕。
回转却用丹田气，攒捶逼胁再重整。

〔一〕使，据文义，应为『施』字之误。少林衣钵真传作『施礼』，罗汉行功短打作『使力』。
〔二〕叩，据文义，当作『扣』字。
〔三〕拯，据文义，应为『蹬』字之误。
〔四〕进，古文中通『尽』字。
〔五〕湾，据文义，当作『弯』字。后同。
〔六〕鼎，据文义，当作『顶』字。

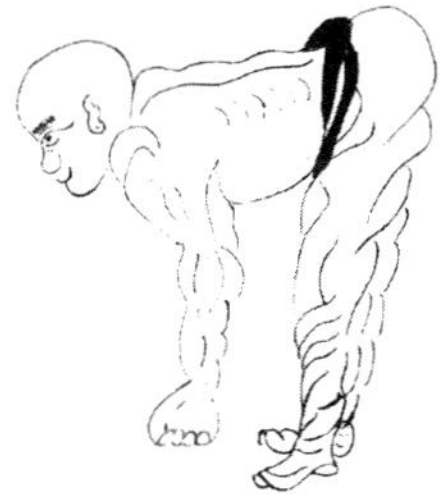

霸王举鼎

当胸分手两腿撑，燕儿挺翅悬空空。
肛门一闭水火靠，双耳挂红蝉丁丁。
起落全要两肾力，曲腰下膝脚轻轻。
行宫（功）〔一〕如要学得妙，时刻常存心兢兢。

二回举鼎势

分水搬岸立后脊，大鹏挺翅奔千里。
攒拳盘鼎忙提气，紧咬牙关腮贴壁。
推山用尽拔木力，气如抽丝定气息。

三回举鼎势

跨马勒缰倒提杵，一起一落千斤举。
曲膝用尽丹田气，两手抓定反身起。
风拥海水升太阳，盘鞍挑镫逼双膝。
按定心火资肾水，胸前挂印行千里。

〔一〕宫，据文义，应为『功』字之误。

四回举鼎势

攒拳分膻（裆）〔一〕双逼膝，四肢蹬力悠悠起。

腰肩度尽全身力，拥倒大（太）〔二〕行双手举。

呼吸定息养神气，运动尾吕（闾）〔三〕转腰脊。

五回举鼎收功势

两手擎天赛玉柱，双手往来似扑地。

提满气息壮筋骨，阴阳顺逆应节气。

伸开三百六十节，气血合合过人力。

乾天坤地拥太阳，凤凰展翅云遮日。

【把力伸筋】

〔一〕膻，据文义，应为『裆』字之误。

〔二〕大，古文中通『太』字。大行，据文义，应为『太行』。少林衣钵真传和罗汉行功短打作『太山』。

〔三〕吕，据文义，应为『闾』字之误。后同。

左右插花势

踏地蹬膝似抽钜，提肩攒拳吸两闭。
气虚力怯眼生花，何须勉强积满力。
行功悠悠终须成，莫到烟花闲游戏。
【火炼金丹】

二回插花势

仙人指路骑马势，曲膝抱胁提满气。
气满二十四肢节，吸肺下腰脚蹬力。
起膝盘腿反身转，回手合掌贴两闭。
如开心机即一刻，一旦豁然贯通处。
【转轮成功】

三回插花势

推山拔木过头力，积成骗（骈）〔一〕胁一口气。
左右皆同是一样，阴阳交合转太极。

〔一〕骗，少林衣钵真传和罗汉行功短打皆作『骈』字，当是。后同。

功成全在子午定，铁打屋梁莫思虑。

【磨梁成针】

四回插花势

单手过脑取脚捎（梢）〔一〕，提气骗（骈）胁慢下腰。
曲膝挑拯全身力，智深拔柳万丈高。
挺胸腆肚逼双拳，反掌合手立树苗。
满腹度尽千金（斤）力，气如抽丝阴阳交。

【阴阳合合】

五回插花收功势

两手交合盘脑顶，二郎担山肩背竦。
丹田度尽两肾力，亚赛九里霸王勇。
收腿两脚双并立，呼吸定息神气整。
若还学尽十八势，一困八百才梦醒。

【四肢拯力】

〔一〕捎，据文义，应为『梢』字之误。

枯树盘根

犀牛望月推双手，反身扭腰胸前走。

偷步缠勾逼单膝，一出一入积双肘。

还转须用两腿力，提气呼吸收在口。

【金丹还转】

二回盘根势

攒拳腆胁出当胸，一来一往似冲风。

太山〔一〕压住顶梁穴，逼住肛门气挺胸。

传尽花卸（街）〔二〕与柳巷，按住心火肾不惊。

回头便知却是岸，空即是色色即空。

三回盘根势

海底捞月胸对膝，两手扑地官一尺。

鼻内抽丝一口气，转身扭腰悠悠起。

〔一〕太山，出自逐客谏书，即泰山，位于今山东省泰安市。

〔二〕卸，据文义，应为『街』字之误。

金盘托住到全进，两脚踏定立腰脊。

【吞津服药】

四回盘根势

双手抓住天边月，背面攒拳逼两胁。
呼吸蹬尽英雄力，细如牛毛至不灭。
欲要功夫求速成，期定子午分昼夜。
调息一在对刻数，挂印升坐将排列。

【要诀】

夜义（叉）探海

一手逼胁一手举，一上一下反身起。
两腿度尽腰筋力，燕儿含泥身伏底。
方寸按定一口气，两手左右上下擘（劈）〔一〕。
浑身使尽过头力，闭目金（全）神定气息。

〔一〕擘，少林衣钵真传和罗汉行功短打皆作『劈』字，当是。

二回探海势

曲腰抓地鳔（膘）[一]双腿，狮子摇头大摆尾。

恰似单背（臂）[二]擒方腊，功成力勇志不毁。

仰手擎天赛玉柱，螳螂扑蝉双手擂。

挺功站定整神气，压住心火运肾水。

【水火总积】

三回探海势

攒拳顶肋忙扭腰，两膀度力向树梢。

伸筋拔力生气血，推动太极阴阳交。

反手合掌调气息，功成以（一）[三]毕自然高。

【转轮成功】

〔一〕鳔，少林衣钵真传和罗汉行功短打皆作『膘』字，当是。

〔二〕背，据文义，应为『臂』字之误。后同。

〔三〕以，少林衣钵真传和罗汉行功短打皆作『一』字，当是。

四回探海收功势

腆胁下腰资肾水，蹬力提肛缠勾腿。
直腰挺尽两膝力，反（翻）天覆地似海鬼。
收功即用双翅展，鲤鱼反（翻）身龙摆尾。
两脚蹅地云服〔一〕土，土培花根花生蕊。

【养气血】

推窗亮格

缠封合手闭住气，一出一入全身力。
鹞子反（翻）身迎风膀，一来一往似抽钜。
磨精镜绣〔二〕开心窍，胆水往来助两日。
如同趴蹅（踏）连环腿〔三〕，气盈两胁腆两闭。

【日月生光】

〔一〕服，少林衣钵真传和罗汉行功短打皆作『披』字。
〔二〕绣，少林衣钵真传作『面』字，罗汉行功短打作『尘』字。
〔三〕蹅，据引书，应为『踏』字之误。趴蹅连环腿，少林衣钵真传和罗汉行功短打皆作『八踏连环腿』。

二回推窗势

度力推动太行山，仿学冲风马撒欢。
回手拉倒黄金塔，竖力长存在身边。
能戒酒色并财气，敢比长眉李太仙〔一〕。
若能调息阴阳转，天作人身人比天。

三回推窗势

骑马拽鞭手提缰，蹿山跳涧总不荒（慌）〔二〕。
两膀蹬尽全身力，身似玉柱腿赛梁。
二十四节蹬铁壁，转过泥湾（丸）〔三〕放日光。

【周天转合】

〔一〕李太仙，罗汉行功短打作『李大仙』。

〔二〕荒，据文义，当作『慌』字。

〔三〕湾，罗汉行功短打作『丸』字，当是。后同。泥丸，指泥丸宫，又名『黄庭』『天脑』等，乃是人身之中重中之重，总摄众神，在中医临床上亦名百会穴。

四回推窗收功势

顺步推双掌，出手连声响。
缠封四平势，提气度两膀。
推出天边月，还步院（辕）〔一〕门闯。
调息要还转，一来即一往。
养到气合血，一旦筋骨壮。

韦它（陀）献杵

提气立脊壮筋骨，开合收闭鸾凤舞。
撑腿合手蹬满力，挺胸腆胁似擂鼓。
欲得存孝〔二〕搏虎力，四时行功要勤苦。

【排力成功】

〔一〕院，据文义，似为『辕』字之误。
〔二〕存孝，即李存孝，唐末至五代著名的猛将。

二回献杵势

凤凰展翅积两肩，两背（臂）架住太行山。
丹田气满挺胸胁，双脚蹅定紧闭关。
何愁棍棒遍身打，按定神气放心宽。
一旦豁然功成时，可以延寿作地仙。

【润贤（肾）[一]助水】

三回献杵势

两脚踏平地，肘膝齐使力。
合手举当顶，百节积满气。
任君遍身打，千斤有何惧。
最忌分时刻，截断阴阳气。
若遇截脉客，挺身涌太极。

〔一〕贤，据文义，应为『肾』字之误。

四回献杵收功势

跨马挺脊两分裆，双手勒定意不慌。

肘膝使尽满腹气，头似铁鍖〔一〕更加釭（刚）〔二〕。

举手最怕二换气，面前生花却难当。

要诀全是养气血，戒住房事有（又）〔三〕何妨。

【志诚可矣】

老僧入禅

撑腿腆胁紧闭裆，明心见惟（性）〔四〕眼生光。

正是老僧坐禅时，风摆竹影照纱窗。

一盏明灯吹不灭，梦想红娘到西厢。

膏盲（肓）〔五〕着床传书柬，小僧性烈硬如釭（钢）〔六〕。

〔一〕鍖，有斫、斩之意。少林衣钵真传和罗汉行功短打皆作『硬』字。

〔二〕釭，少林衣钵真传和罗汉行功短打皆作『刚』字，当是。

〔三〕有，古文中通『又』字。

〔四〕惟，少林衣钵真传和罗汉行功短打皆作『性』字，当是。

〔五〕盲，据文义，应为『肓』字之误。膏肓，即膏肓穴，位于人体背部。

〔六〕釭，少林衣钵真传和罗汉行功短打皆作『钢』字，当是。后同。

功成志满按不住，何须见佛求西方。

【清净悔悟】

二回入禅势

下腰铺地势，使尽两膀力。

百节筋骨合，须要腆两闭。

挺腰盼日月，肛门要紧闭。

心肾约（得）[一]见面，水火须既济。

周天遍身用，火（河）车[二]转太极。

三回入禅势

二十四节一条脊，阴阳转合在尾闾。

肛门提起一口气，河蚂[三]浮水奔井底，蹬膝立腰似石杵。

〔一〕约，少林衣钵真传和罗汉行功短打皆作『得』字，当是。

〔二〕火车，据文义，应为『河车』之误。河车，传统气功学术语。

〔三〕河蚂，即青蛙，为地方方言。

若得学成金中（钟）〔一〕罩，何怕枪刀并剑戟。

四回入禅收功势

腿赛石柱双手挺，自然而然气力猛。
走行长存过人力，单背（臂）擎住千斤鼎。
收功全要定气息，两肾火水似蜈蚣。
习成十八罗汉势，敢比李逵下山勇。

铁牛耕地势

垂帘塞对（兑）〔二〕调气息，舌柱上卧立后脊。
反阴复阳细如丝，心火下降肾水举。
阴中生阳阳生阴，天地万物皆一理。
用功纯学生气血，且壮筋骨更坚体。

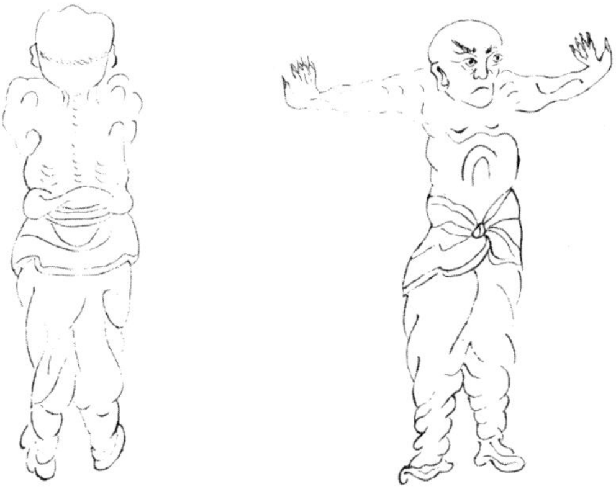

〔一〕中，据文义，应为『钟』字之误。

〔二〕对，据文义，应为『兑』字之误。垂帘者，即双目似闭未闭，端视虚空，不使五色迷心；塞兑者，即口不言语而养气忘言。垂帘塞兑，传统气功学术语。

二回耕地势

把住三关度尽力，提起肛门闭住气。
身体坚壮硬似铁，亚赛金梁似玉柱。
遍身血涌随气走，周流江河全不惧。
切要成功人前显，身（深）〔一〕庄（藏）〔二〕不漏凶徒避。

【独立闭穴】

三回耕地势

欲行此功难受苦，攒拳伏地分骨筋。
两膀度尽腰腿力，更比长（常）〔三〕山子龙武。
心头若存一口气，咬牙切齿似猛虎。
双手养成鹰爪力，亚赛缸（钢）刀强似斧。

【重手】

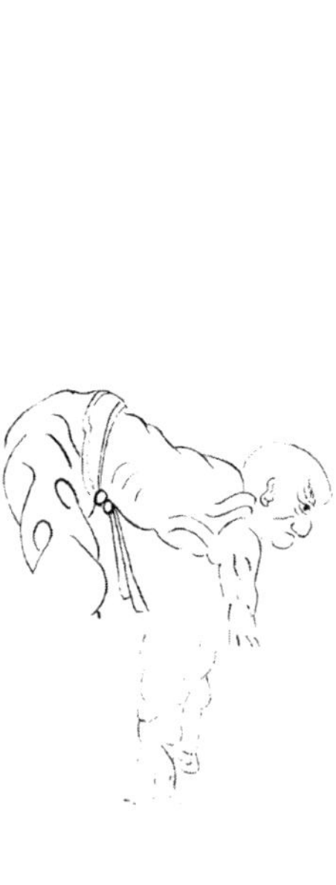

〔一〕身，少林衣钵真传和罗汉行功短打皆作『深』字，当是。
〔二〕庄，少林衣钵真传和罗汉行功短打皆作『藏』字，当是。
〔三〕长，据文义，应为『常』字之误。常山子龙，即赵云。

四回耕地收功势

把住手腕挺两逼（闭）〔一〕，牵定铁牛耕陈地。

合手上下往来走，吸起肺金一口气。

欲得工（功）〔二〕夫十二成，总是伸筋宜把（拔）〔三〕力。

整顿精神合气血，一切收功照前势。

【静立收功】

青龙摆尾

尾闾一举存心口，紧闭牙关忙捽手。

左右盘旋腿相遂，身似釭（钢）钻风摆柳。

四肢度尽满腹气，行使（时）〔四〕起膝好盘肘。

一来一往双刀劈，前蹬后扑回马走。

【伸筋把（拔）骨】

〔一〕逼，少林衣钵真传和罗汉行功短打皆作『闭』字，当是。

〔二〕工，古文中通『功』字。后同。

〔三〕把，据文义，应为『拔』字之误。后同。

〔四〕使，少林衣钵真传和罗汉行功短打皆作『时』字，当是。

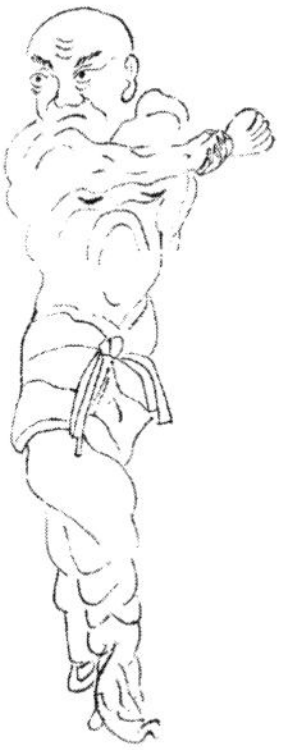

二回摆尾势

面前捽手似车轮，总是拔力要伸筋。
一条腰脊左右折，两脚踏地紧随身。
积力全要养气血，行功最忌气两分。
阴阳合合遍身转，呼吸定息暗沉吟。
【盘旋四肢】

三回摆尾势

两膀捽成一股力，满腹提尽一口气。
双手摆尾忙偷手，曲膝挣腿脚踏地。
遍身一百二十节，春夏秋冬按四季。
阴阳一在分时刻，受气满节未受气。
【四季和平】

四回摆尾收功势

按定气息撩双掌，风摆树梢耳边响。
总是肺金一口气，摇动肝木气血广。
要诀全在坎离定，若动意念心肾恍。
百日功成拿得准，四海云游无遮当（挡）〔一〕。

【百日成功】

左右骗马

立起腰脊手当胸，三起三落腿悬空。
独立朝纲千斤举，松鹤万年却长青。
吸起脾土培根基，如得关窍岂肯松。
下腰铺腿紧伏地，能架车轮实可惊。
才是功成显人处，九牛二虎力不轻。

〔一〕当，据文义，当作『挡』字。

二回骗马收功势

井底栽花提满气，蹬尽腰脊银（腿）〔一〕铺地。
举动须要连三反，腿悬当空千斤力。
长行积成一股筋（气）〔二〕，车碾马踏莫惊惧。
气虚力怯壮筋骨，功成只得行百日。
惟恐转意志不坚，伸筋拔力有何趣。

燕子啅（啄）水

抽梁换柱双手分，一左一右两折身。
蹬尽肘膝一股力，手起脚落盘腰筋。
提起（气）〔三〕丹田腰肾转，惟恐气息调不真。
一成工（功）夫十分力，摇动肝木吸肺金。
千头万绪有何虑，时时勤学得细心。

〔一〕银，少林衣钵真传和罗汉行功短打皆作『腿』字，当是。
〔二〕筋，少林衣钵真传和罗汉行功短打皆作『气』字，当是。后同。
〔三〕起，据文义，应为『气』字之误。后同。

二回啅（啄）水势

轮开双手上下劈，一反一折忙叠膝。
中心闭住一口气，回手扭腰反身起。
崩挑蹬力手扑地，左右盘旋立腰脊。
两腿用尽全身力，鹰拿燕雀连三举。
总是满腹一股筋（气），一呼一吸调气息。

三回啅（啄）水势

［成功一步非等闲，原转金丹］〔一〕在涌泉。
两手托定日共月，锁住心猿是真铅。
北平（斗）〔二〕安居星辰转，十二时刻面朝参。
气行一百二十节，血涌江河小周天。
把住全在一时刻，失之最易保之难。
今朝若不回心转，悔想桃园三洞仙。

〔一〕『成功一步非等闲，原转金丹』，据少林衣钵真传和罗汉行功短打所补。
〔二〕平，据文义，应为『斗』字之误。

四回啅（啄）水收功势

四肢摇动气停胸，独立起膝悬当空。
捽开百节合筋骨，左右起手耳生风。
若能两膀千金（斤）力，方才与人赌输羸（赢）〔一〕。
身体受尽万般苦，切磋琢磨硬成功。

虎奔人身

站定神气立住跟，提起涌泉蹬脚心。
挺胸腆胁两肾闭，出手伸筋十指分。
提起满腹全身力，阴阳合合气血均。
凹腰腆肚手扑地，折叠叠折节节准。
周而复始分昼夜，宛（挽）〔二〕住尾吕（闾）重分金（筋）〔三〕。

〔一〕羸，据文义，当作『赢』字。
〔二〕宛，据文义，似为『挽』字之误。
〔三〕分金，少林衣钵真传和罗汉行功短打皆作『分筋』，当是。

二回虎奔势

立起四柱挺起身，自然而然架千斤。

前扑后踪（纵）[一]伸筋骨，提起气分并血分。

气涌三百六十节，周流合血遍舒筋。

四肢蹬尽周天气，闭住肛门即反（翻）身。

吸呼定息悠悠放，龙虎交会便虚心。

子午卯酉安（按）[二]时刻，一遍成功一遍亲。

三回虎奔势

满腹压住一口气，手腿蹬尽全身力。

前扑后纵连三蚣，胸扑（脯）[三]悬悬手按地。

狼行虎步悠悠转，圆转尾闾肛门闭。

呼吸定息手当胸，两脚合合并跕（站）[四]立。

提起蹬力挺腰脊，千斤压顶有何惧。

〔一〕踪，罗汉行功短打作『纵』字，当是。

〔二〕安，罗汉行功短打作『按』字，当是。

〔三〕扑，少林衣钵真传和罗汉行功短打皆作『脯』字，当是。

〔四〕跕，据文义，当作『站』字。

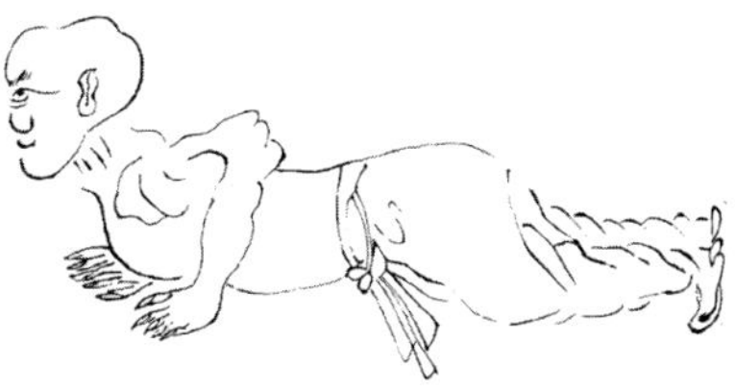

四回虎奔收功势

提起一口气，抖抖两膀力。
用手双抱月，蹬膝脚蹬地。
丹田使气满，擎天赛玉柱。
收功开双手，攒拳贴两闭。
气血能调养，圆转筋骨处。

陈团（抟）大困

老僧访学陈丘（抟）[一]眠，起腿蹬力膝玄（悬）[二]玄（悬）。
满腹提尽丹田气，曲肱而枕休厌烦。
铺腿下腰立后脊，日月生光在日（目）[三]前。
玉兔东升还未醒，金乌西坠却入禅。

〔一〕丘，据文义，应为『抟』字之误。
〔二〕玄，古文中通『悬』字。后同。
〔三〕日，罗汉行功短打作『目』字，当是。

生平受尽二子〔一〕累，苦（善）〔二〕于偷花非等闲。
若能志坚成功满，阴阳两分莫贪恋。

二回大困势

僧入禅堂不怠慢，功成一毕却才眠。
寻常不敢伸足睡，一床锦被半床闲。
惟有小僧不守分，每夜发狂欠安然。
一场好梦不得作，须要忙里且偷闲。
人生天地无乐趣，重整鸳鸯再合欢。
双手抱住心猿意，一腿长伸一腿卷。

【圆转腰肾】

三回大困势

僧作禅堂不计年，龙虎交会莫胆寒。

〔一〕二子，文中指日月之意。
〔二〕苦，少林衣钵真传和罗汉行功短打皆作『善』字，当是。

双手抱定日合月，阴阳合合鸡抱卵。
贲门分开阴阳路，瓜熟蒂落左右旋。
天气下降地气转，两平（手）[一]推送顶梁悬。
二十四节却分分[二]，如蹬贴（铁）[三]壁到泥湾（丸）。

四回大困收功势

彭祖寿活八百年，岂是俗人大非凡。
总是陈伭（抟）[四]作一梦，复阴返阳却回还。
拦拦身体伸伸足，渺渺冥冥在眼前。
斗（抖）[五]斗（抖）精神调气息，功夫重整时不闲。
若人习成懒汉睡，坐卧行立不记年。

〔一〕平，少林衣钵真传和罗汉行功短打皆作『手』字，当是。
〔二〕二十四节却分分，少林衣钵真传和罗汉行功短打皆作『二十四肢节节分』。
〔三〕贴，罗汉行功短打作『铁』字，当是。
〔四〕伭，据文义，应为『抟』字之误。
〔五〕斗，据文义，应为『抖』字之误。后同。

父子三请礼

提起（气）扭腰崩捶掌，反身十字左右闯。
中（终）〔一〕须自然功有成，何必怒（努）〔二〕力使勉强。
挺挺脚心蹬满力，转转腰肾细回想。
阴阳两分有何虑，总是个（调）〔三〕气要修养。

二回请礼势

拔尽气力蹬千斤，吸起气分虚起心。
阴阳交合遍身走，气行百节须要侵。
一处不到一处迷，惟恐气息调不真。
功成便得十二窍，一窍不明暗沉吟。
智慧全在一时刻，不满功成不毁（回）〔四〕心。

〔一〕中，少林衣钵真传和罗汉行功短打皆作『终』字，当是。
〔二〕怒，少林衣钵真传和罗汉行功短打皆作『努』字，当是。
〔三〕个，罗汉行功短打作『调』字，当是。
〔四〕毁，罗汉行功短打作『回』字，当是。

三回请礼势

转身回头脚并立，扣住双手提满气。
扭腰捶崩忙挣腿，提步蹬尽全身力。
左右还转高拱手，下气一定肛门闭。
气血合合筋骨强，十二时刻应节气。
地气上升天气降，阴阳交合转太极。

四回请礼收功势

回身拔力伸骨筋，拽弓搬弦须两分。
挣开两腿气要满，气行未至血不均。
遍身三百六十节，功成无力气不真。
分开阴阳调气息，惟恐子午定不亲。
酒色财气不能戒，枉费徒劳一片心。

鲤鱼打挺

手脚抓地反身挺，蹬尽气力血气勇。

凹腰腆肚合筋骨，功成未满力不猛。
身坚体壮非容易，调调气息再重整。
十八门路用不尽，各有奥妙窍未醒。
经师不及访友妙，虚心长存成一总。

二回打挺势

抓墙贴壁似湾（弯）弓，仰面朝天气挺胸。
脚蹬（踏）平地蹬满力，挽转尾吕（闾）腰悬空。
要诀总是养气血，筋强首实大非轻。
莫嫌此功无长处，能戒酒色速成功。

张辽献袍

提肩推掌起单膝，挺挺涌泉转尾吕（闾）。
丹田闭住一口气，涌开两肾串后脊。
气行血足功成满，四时用功莫心急。
呼吸定息养神气，曲膝下腰紧伏底。

二回献袍势

叠膝蹬力腿铺地，推送双手提满气。
提起两肾忙下腰，紧咬牙关肛门闭。
伸开百节生气血，合合筋骨全身力。
功夫长存安（按）[一]时行，力举千斤有何虑。

三回献袍势

搬拳独（度）[二]尽两膀力，跨马提满丹田气。
紧咬牙关推双手，折二（折）[三]腰肾腿铺地。
下腰单膝伸腿叠，一来一往似抽钜。
合合筋骨神气壮，气行血走肛门闭。

[一] 安，据文义，应为『按』字之误。后同。

[二] 独，少林衣钵真传和罗汉行功短打皆作『度』字，当是。

[三] 二，据文义，应为『折』字之误。

四回献袍势

提肩勒纲蹬千斤，手起手落紧随身。
挣开两腿提满气，涌开气分并血分。
功行百日阴阳转，气行百节血养筋。
春秋四季应节气，节气节应节节亲。

金钩挂玉瓶势

半夜用功身劳苦，期定阴阳分子午。
调满气息脚交胫，双手避日伸筋骨。
舒筋和血养修其〔一〕，一反一折两手扑。
心猿意马锁不住，气虚力怯血未足。
按定方寸养神气，立见效验成功速。

〔一〕舒筋和血养修其，少林衣钵真传和罗汉行功短打皆作『舒筋合血善修养』。

二次挂瓶势

宛转尾吕（闾）慢折腰，双手并合奔脚稍（梢）[一]。
满腹压存一口气，运动水火阴阳交。
拔力伸筋行气血，僧入禅堂夜难熬。
尺（昼）[二]夜行功安（按）时刻，不满功成岂肯消。

三次挂瓶势

力举擎天掌，气满身子壮。
蹬尽两腿力，百节筋骨响。
血走阴阳合，气行精神爽。
功成三冬暖，力怯莫勉强。
时时得勤苦，总是要修养。

[一] 稍，据文义，当作『梢』字。
[二] 尺，少林衣钵真传和罗汉行功短打皆作『昼』字，当是。

内观图

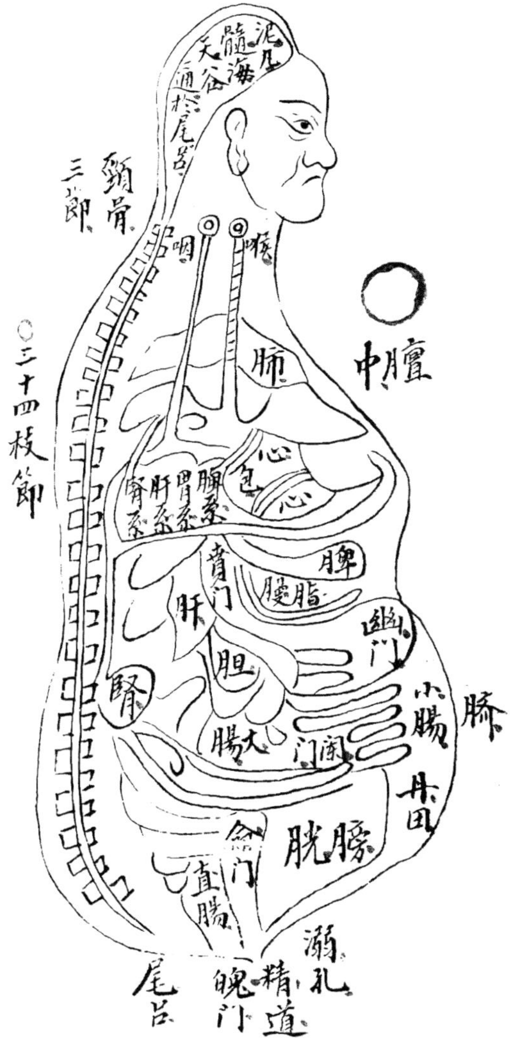

用功行气内理要诀全图

功成总是善调气，春夏秋冬安（按）四季。
水火既济周天转，生克制化应节气。
身坚体壮妙不尽，心快意乐得机秘。
奥妙无穷乾坤交，不惮山川云游处。
幸会偶遇蓬莱客，坐观海涌太阳戏。
西望瑶池参王母，亚赛蟠桃群仙聚。

四方五行四时五脏

东方属木，木旺春，木属肝经，肝主筋。【木当令】

南方属火，火旺夏，火属心胫（经）[一]，心主血。【火当令】

中央属土，土属脾，四季和平，脾主肉。【土当令】

西方属金，金旺秋，金属肺胫（经），肺主气。【金当令】

北方属水，水旺冬，水属肾胫（经），肾主骨。【水当令】

〔一〕胫，少林衣钵真传和罗汉行功短打皆作『经』字，当是。后同。

武拳势四则式

提要

武拳势四则式，一册，抄本，共三十五页，无封页、版框，亦无印章和抄录者姓名，其前二十四页每页十二行，后十一页每页十六行。谱中有避讳现象，如将『玄』写成『元』。此谱于二十世纪八十年代由山西省运城市的贺元庆捐献，现藏于中国武术研究院，院藏编号为G852.19-69。

此谱主要包括武拳势四则式、太阳工（功）秘诀法、文工（功）夫歌、拳法研究诗三首、汉赵子龙枪法赞、梨花大敌枪歌以及部分刀法歌诀。其中，武拳势四则式主要记述内容为拳法歌诀；太阳工（功）秘诀法导引练气方法；文工（功）夫歌为传统导引养生功法八段锦歌诀；拳法研究主要记述练拳心得体悟。后半部分主要为枪谱、刀谱内容，其『梨花大敌枪歌』末所记『要知此枪何人造，梨花本是杨家留』，与纪效新书以及耕余剩技·少林棍法阐宗的记述一脉相承。

值得指出的是，武拳势四则式中有不少内容当与清代民间拳会、教门有着一定关系。如『武教之门拳当先』与『时操就文拳武拳』等，似源自清代民间结社中的『文场』『武场』。特别是谱中的『太阳工（功）秘诀法』之『浑元一气无道成，道成莫外无真形』云云，与梅花拳秘谱的记述基本相同。从这个意义上来看，此谱为研究清代民间结社的武术活动提供了一个不可多得的历史文本。

武拳势四则式影印

武拳勢四則式

武拳之門拳當先。拳法精熟等自然。

開步兩手望上舉。腰弯頭揚左掌前。

身起右從鼻準起。左　右（左）手彎拘護陰間。

老步兩手分交展。回頭望月披掛然。

轉身子步往前蹤。兩手前後望後觀。

兩手拘擋騎馬勢○
紐肘用拳往前送○
右拳左拳（掌）要分變○
收（儒）手俱拳把他抓○
兩手俱放丹田上○
右手從地却轉後○

左攔右提轉右邊○
即倒斜步拳向前○
忽然皆作翻手拳○
收步右掌左肘間○
左進左拘右步連○
左手從陰却向前○

轉身右後左護陰
猿猴獻桃下轉上
先提左足右手打
老步身法真可看
進步抅手子步站
分洗右膝理同前

前跳數尺把勢安
進步飛足左右全
背轉右足亦如然
左右變化前後拳
分洗左膝右提面
轉身二起飛足獻

下步雲手推泰山從　從前轉後子步站

右手在後左在前　要知收塲勢分變

從地轉身陰向前　首節說法且畧看

全在二三勢中難

武拳式二節

拳法之門真可誇　文通武畧是英家

手打左膝忙開步
忙變子步冲天炮一
右手須打左足底
冲天炮勢左手舉
左足須是鞋底炮
翻肘一紐捶手獻

老步右肘右左手拿
左手抅摟變二法
左肘向前並無差
右足提擺左足發
轉身手往左邊捶
從天轉地理循環

雁兒展翅閃一閃
分洗左膝如前式
老步可稱人泰山勢
雲手發獻似雪花
手推他人數尺轉
右手從前地却轉後
勿言武教是粗魯

子步拘手發一發
右提飛足真可誇
雲手發獻似雪花
手推他人數尽轉
方知子步是真法
左手子步須作陰拳發
文武全才是英家

武拳式三節

武教門拳勢當先
未開步抝迺出獻
忽然間從前轉後
往前蹤隨機應變
後交帶將身一變

精熟時能解鎗鞭
右抝後左發陰間
于步勢破他機關
跨馬勢三月桃園
左(手)搬左(足)右拳捶鞭

身蹤橫雲手出現　左右拘平肘向前
開右步右拳二點　進左步左拳為先
身背轉右拳先現　左手間理同皆然
右押左從地分免　化老步兩手棒天
忽作子左拘右展　進右步右打地間
足從後將身背轉　右捶手捶在左邊

右紐肘捶手即現
雁兒勢單閃一閃
洗左膝右足提面
收步跕右手拘後

武拳式四節

時操就文拳武拳

上轉下天理循環
收子步拘手為先
下轉上後雲手泰山
左陰拳須擋出先
進退來似影似仙

分左膝放開老步
左右拘撞鐘出現
右復拘左掌撐展
往前蹤隨機應變
後交帯將身一變
身蹤横雲手發現

右拘後左拳向前
化老步左手拘連
右手搭左臂之間
跨馬勢獻桃惟猿
左搬左右似托鞭
左右拘右發陰間

賣步時似雞藏爪　左手居右臂側邊
放老步右拳出現　右收鬢左掌向前
右冲出作拳發現　前轉後左掌推山
隨步變騎馬勢跕　左手打左腿裡邊
打腿面名為引下　那右拳即打面前
面一打他胸必現　用兩拳即打乳邊

身背轉兩手撐展
雙柱拐往前推轉
隨身變獅子張口
身轉後右手拘腕
往前蹤擺脚出現
收手步左手拘腕

用兩足墩如倒山
右偷腿左拘腰間
往前蹤猫捉鼠完
左拘後右足上傳
落在後轉身推前
分左膝右足上前

邊路四步

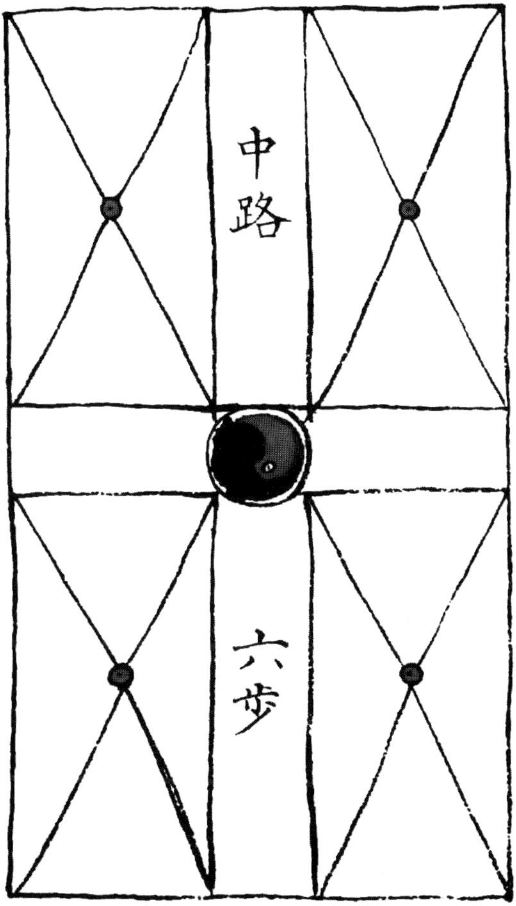

下轉後兩手推展

收步跕右拘左前

太陽工秘訣法

渾元一氣無道成
真形內中藏真精
清如問形求真形
真訣合到徹底靈

道成莫外無真形
神精神身藏氣轉輕
真形合來有真訣
此工三十把
其氣三百三十四口氣

四平工氣口身式七言四首共氣五十六口

倒拜曲腰頭轉轉（輪）
左右運氣各三口
白鶿涼翅左右平
劍訣後（從）來三口氣
雙龍入海用肚工
提腿轉身仍帶噫

目從腿下看後身
起來七氣共六墩
連噫帶嚇共六墩（八聲）
六氣六墩要記清
左右各三氣口停
墩足吃氣照前行

騎馬揚頭身要端　前後左右上下揎

連墩共氣十三口　四平之工道乃全

文工夫歌

兩手撐天理三焦　彎弓下揖固腎腰

調和脾胃須單托　五勞七傷向後瞧

搖頭擺尾瀉心火　寬胸利氣射金標

握拳瞪目添氣力　馬上三疊飲食消
勸君每日行三便　不服丹藥自逍遙

拳法講究詩三首

武藝雖得竅不真　費盡心機枉勞身
老師留下妙真訣專、　專心致志自通神
拳法由來非一門隨機　隨機應變在乎人

經師訪友知高下　得竅功深道乃真

得心應手快如風　暴電迅雷誰不驚

虛實變通偷詭着　往來順利自通靈

抅摟劈掛　前壓後合

閃綻騰挪　飛劈撩刊

浮粘誘摸　趁拖廝抓

回杵擘漏

蓋磨三搥中門外劈

頭頂三打

對面掌先右後左

玉帶纏腰外裡迊大步

馬滩漖（淤）泥河裡進認法

高挑低按平拿挪

左右提腿

五虎炮中門真進小身法

五花炮外裡進立身法

七星炮右左裡門中身捶身法

滿肚紅

畫眉出水 外門立身法

斬手掛面 中門

撒單邊 外進裡大步

偷步轉身 平身法

順手牽羊 中門縮身

雙虎眼（眼）炮 左右門騎馬勢

平心劍

刀對銷 中門立身

踏足面

半月圓月

抽梁換柱 中[illegible]門小步點

玉兔走黃沙 外進裡門五點

托膝連炮 外進 裡迎

金斬斬杏黃施旗 外進裡門 大步五點

懶老婆拐線 外裡 拿

雙手摸眉 左右同 二點

蛇歸舊穴 左右同小 步身法

扶欄斬腰 中外門二點

十字川心 左頂 右川

十字押手 中門立身法

十字踏腿 外門

猿猴獻桃 邊路進 中門

倒吊人頭 背法後 進老步

單手押雙手劈肚炮膀靠邊插炮

絪線繩連勢炮外進裡進老步撩揚老步採腿縮身法

馬前斬草外門立身[illegible]子步

惡馬摘攣外裡進捶法

左右肘靠中門騎馬勢

黑馬掏膛外進裡拿

雙手掛梁中門外劈老步

梅花落地捶腿外劈

惡馬帶攣中門老步

左右膀靠中門進裡立捶法

海底撈月進中門挎馬勢

單手摸眉中門外劈立身法

和尚撞鐘

稱稱千斤

清官脱靴

懷中抱月

蘇秦背劍

提扎耳後

拘摟交帶

雙柱拐

抽豆腐

金交剪

敬德訪白袍

川脚堂脚

雙手舉髮

金系纏腕

泥裡拔葱

拳打胸堂

身窩臂

打陰間

列揚頭

海底撈沙

漢趙子龍鎗法贊

金鎗一點照日紅。連扎三鎗魚並行。先有中平鎗敗勢，又有完虎鎗定心。
前跳一丈龍擺尾。后蹤八尺虎翻身。左搬鎗按定他手。右搬鎗單扎虎口。
定軍鎗上下周旋(流)。寸步鎗刺人咽喉。地裏蛇往來走動。一窩蜂罩定乾坤。
后有完(完)虎合中平。舞杆之下神鬼驚。金鎗一點照日紅。連扎三鎗如魚行。
玩虎鎗有高(低)有高中平。鎗擢代(步)逐。餓鎗虎緊閉緊封。出斬鎗大閃小步。
餓虎鎗外聯裡顧。敗蛇鎗金龍罩頂。騎馬勢指鎗分綜綜。左搬鎗按定他手。
右搬鎗單扎虎口。寸步鎗刺人咽喉。鎗顧身鳳凰投窩。身顧鎗懷中抱月。

端扎窩裏倒左右。蝎子捲尾回頭望。霸王上弓閃棧筋。出斜步反挑正聯
敗敗鎗勢元中又元。青蛇過道分左右。螺子入林虎翻身。雲裡顯聖蛇探頭。
虎似猫形似閃形。救命鎗端扎一條線。后退八尺虎翻身。前跳一丈龍擺尾。
陽手鎗扎左顧右。陰手鎗扎前顧后。鎗到臨身行方便。直封硬閉閃棧騰挪。
扎挑絞項。鳳凰展翅双上架。身竅低敗鎗出現。破膝撩肘專扎胸。
顧右鎗脅臂相同。走扭步霸王舉鼎。剪子步攜鎗對壘上。有玩虎合中平。
遊蚓過道蛇退殼。回馬鎗翻身進步。扭東列西鎗隨身行。神鬼鎗粘燃額靠。
鬼神鎗迺顧直撐。太平鎗裏外相顧。騰身竅擢快步如同虎豹。鴛鴦鎗陰陽錘四面入方。

回身退步閃門如變化執鎗進步扎挑刀切。裏手鎗搆掛扎挑。外手鎗翻正如飛。
高仰低戲平倒端低。謹守封閉轉身頭戲。摧着快步縱閃跳蹬。扭肩通膀黑白青黄。

梨花大敵鎗歌

此鎗造來人難通。隨扎隨閉莫發空。騰步抉定八門勢。封閉捉拿擒鎗法。
倒發桶袖難閉。駕騰步反敗使刀扎。退步敗鎗倒托勢。轉身封閉使華鎗。
僕地水平難阻當。進步閃後反裡鎗。滚轉梨花迷人眼。發閃擺頭最難防。
指上扎下人難。朶抽身呂布倒托戟。反後一鎗難阻當。跌鎗進步最難防。
賣步跕定騎馬勢。左騰右挪把人傷。要知此鎗真名姓。梨花八路大敵鎗。

此鎗立勢最剛强。提鎗扎人全不忙。長鎗乃為軍中王。中心一鎗最難防。
所用梨花咱為首。後有封閉捉拿鎗。發鎗久使串子。攔鎗常在膀前。
鎗為鞭棍刀中祖。起手先掃打虎口。常使桶袖僕地。托攬滚手難閑。
若遇馬上馬上使。步下遇見步下敵。要知此鎗拿人竅。托攬滚手封閉奇。
抽身换膀人不曉。騰步存腰實難得。一鎗左右三變手。即是神仙也難走。
滚轉梨花迷人眼。發閃擺頭最難防。指上扎下由人變。推轉梨花無人見。
脚步身法要精熟。熟精扎人全不愁。操起梨花人難走。十人見了九人愁。
要知此鎗何人造。梨花本是楊家留。

春秋刀序

青龍偃月世無双。上下滾走把人傷。老爺勒馬望宝山。白馬坡前斬顏良。
定軍刀劈夏候淵。古城壕边斬蔡陽。酒尚未凉華雄。鑒斬文醜在内藏。

文刀歌

聖人留下鎗棍鞭。惟短刀學最難。先走三步撐天勢。後進騎馬跨刀懸。
往前進一老步勢。手在乳旁刀向前。回頭掌推刀留後。好似青龍擺尾還。
身如乾坤往右轉。懷中抱月護陰間。偷步絞刀往前進。刀隨身竅撐左肩。
進步撐天摘星勢。即把刀藏右胯間。進一斜步斜刀出。蹤回子步勢當先。

刀在腿前把腿護奎星提斗保胸前手搬刀柄左右轉。擢步絞刀緊相連。

蹤回騎馬勢立站。開門勢兒防後杆。進步鉄牛耕田勢。一步三刀保身全。

倒步轉身挾山勢。手擒鎗頭保胸前。刀刺咽喉頭上献。十人觀見九人寒。

刀從頭降往下砍。分綜滚刀列兩边。盤頭刀在崑崙現。三馬連環鬼神寒。

轉身化一張公勢。腰堂胸出項要端。偷步兩手左右展。分刀偷步削鎗尖。

轉身下勢左鬓現。閃公霸陵觀曹鑾。去 而復轉刀下砍。臨行送後一刀還。

脚踢手背往前轉。好似諸葛追南蠻。刀入堂内忙下砍。回頭即迺左鬓杆。

眼收步立下奎星勢。即把鋼刀誇腰間。且將此刀勿輕看。脚步身法甚是難。

要知此刀名呼喚，老師當年文刀傳。

搬丹棍歌

梅花隨身直鎗回。鳳凰三點緊隨身。扭手底鞋底冲天炮。回頭就是鉄拴門。
挑鎗轉身楊家鎗。老爺背刀肩膀上。砍刀一下絞刀回。提水四鎗鉄拴門。
搯鎗三滚隨身下。回頭朝天一柱香。出門還使左右棍。斜步又使綽地龍。
扭手一鎗出門户。幸者出門連三棒。挑鎗直水搬舟棍。偷步三月人難猜。
棒頭扭手緊隨身。鑽鎗一點代兩棒。

鎗法講究論

鎗法曰此鎗須要三尖照齊或問曰何為三尖荅曰鎗尖上照鼻中照心尖下照足尖乃三尖也此鎗鎗路甚窄自己不用交大交大他人別有使法也出鎗不過前肘收鎗不過腰眼或又問曰窄者多少大者若何荅曰杆絞如月人身不過一尺而已倘過尺餘豈不是交大他人定有別使之法双手定法來仰去和一目瞅定他手方知他人來情鎗有內空分被皆按閃綻騰挪根盡之法隨手即應戀利即成鎗法渾身上下若舞梨花徧體紛紛如飄瑞雪出其不意攻其無備梨花之鎗天下咸尚之其法在於精熟而已精熟生巧其進鋭其退速氣盈則戰氣奪則避能守而後能有備

而後無患制勝之道在小心平氣小其心故能懼平其氣故能謀內實精

神外示安佚佈形候氣追形還影蹤横往來目不及瞬

春秋刀講究論

關夫子當年威風凜凜殺氣沖沖日斬千年員將殺壞了多英豪也不過

憑此刀而已後世如學精熟自能生巧焉有不中之禮慎之慎之

刀憑刺豁撩刈鎗憑封閉揭按

用脚擺打虎勢再要但達卯加定鏟老爺勒馬望宝山蹬一足要步子扎

一刀足心被刀騎馬勢盤頭刀猫兒洗臉重半毋步是要步周倉大立帥

轉身華子是三個分刃左右是兩刀、騎馬勢盤頭刀、羅圈腿坐馬勢、盤頭刀、暮雲蓋頂、打虎勢、收双足是通刀左右殺四門、坐馬勢盤頭刀、青龍纏項、打四背、刀要步子猫而洗臉轉使托刀進步攔把子是三刀、過肩榜是一刀、搘挡是一刀暮雲蓋頂、轉身刀收步使通刀攔把子是三刀過肩榜是一刀搘挡是一刀暮雲蓋頂轉身刀收步使通刀攔把子是三刀過肩榜是一刀搘挡是一刀暮雲蓋頂、轉身絞是三刀背一个打虎勢收步轉身是三刀講説應酬論。胆欲大心欲小氣欲閑力欲宼眼欲疾手欲巧手如飛鳥身如蛇行声如迅雷袖如暴電重則山崩輕似雪飄想昔日

造拳之時一人每日操練打就活路變化明白著成拳套以示
後人有此人之手彼人之足又有一勢是彼之手是此人之足拳法
之中有足踢手响者名為見敬本是打準了那人此處就那人放手足代之耳
或問曰有腳足墩地响者莫非人於地亦見敬乎答曰非也墩足者名為
泄目打氣驚人心之敗人之氣也譬如大炮一響猛風一陣焉有不驚人
心敗氣力好了鎗鞭論長取短不離腕短取長先入堂而不知長妙在翻
手短妙在躍步高挑平拿低按是三大法老步子步騎馬步跨馬步偷
步是五步法俗曰拳假工夫真力大強十分四兩撥千斤竅眼真難得

武拳势四则式校释

武拳势四则式

[武拳式一节]〔一〕

武教之门拳当先，拳法精熟等自然。开步两手望（往）〔二〕上举，腰弯头扬左掌前。身起右从鼻准〔三〕起，左手弯拘（勾）〔四〕护阴间〔五〕。老步〔六〕两手分交展，回头望月披挂然。转身子步〔七〕往前踪（纵）〔八〕，两手前后望（往）后观。两手拘（勾）挡骑马势，左拦右挝转右边。纽（扭）〔九〕肘用拳往前送，即倒斜步拳向前。右拳左掌要分变，忽然皆作翻手拳。

〔一〕武拳式一节，据后文格式所补。

〔二〕望，据文义，当作『往』字。

〔三〕鼻准，指鼻尖。

〔四〕拘，据文义，当作『勾』字。后同。

〔五〕阴间，指裆部。为人体比较薄弱的部位。

〔六〕老步，指在武术实战过程中，步法变化过于迟缓，易受制于敌。

〔七〕子步，疑为子午步，后同。子午步，步型术语，指前脚尖正对前方，后脚尖指向斜前方，两脚相距约尺余的错步。（中国武术大辞典编辑委员会编著中国武术大辞典，人民体育出版社，一九九〇，第二一六页。）

〔八〕踪，据文义，当作『纵』字。后同。

〔九〕纽，据文义，当作『扭』字。后同。

收手俱拳把他打，收步右掌左肘间。两手俱放丹田上，左进左拘（勾）右步连。
右手从地却转后，左手从阴却向前。转身右后左护阴，前跳数尺把势安。
猿猴献桃下转上，进步飞足左右全。先提左足右手打，背转右足亦如然。
老步身法真可看，左右变化前后拳。进步拘（勾）手子步站，分洗左膝右提面。
分洗右膝理同前，转身二起飞足〔一〕献。下步云手推泰山〈从〉〔二〕，从前转后子步站。
右手在后左在前，要知收场势分变。从地转身阴向前，首节说法且略看，全在二三势中难。

武拳式二节

拳法之门真可夸，文通武略是英家。手打左膝忙开步，老步右肘左手拿。
忙变子步冲天炮〔三〕，左手拘（勾）搂变二法。右手须打左足底，左肘向前并无差。
冲天炮势左手举，右足提摆左足发。左足须是鞋底炮，转身手往左边插。
翻肘一纽（扭）插手献，从天转地理循环。雁儿展翅闪一闪，子步拘（勾）手发一发。
分洗左膝如前式，右提飞足真可夸。老步可称泰山势，云手发献似雪花。

〔一〕二起飞足，据文义，应为『上步二起脚』，武术跳跃动作。
〔二〕从，据文义，应为衍文。
〔三〕冲天炮，拳法的一种形象比喻，即拳从腰间向前上方冲出，类似通背拳之『冲点拳』。

手推他人数尺转，方知子步是真法。右手从地却转后，左手须作阴拳〔一〕发。

勿言武教是粗鲁，文武全才是英家。

武拳式三节

武教门拳势当先，精熟时能解〔二〕枪鞭。未开步拘（勾）迎出献，右拘（勾）后左发阴间。

忽然间从前转后，子步势破他机关。往前踪（纵）随机应变，跨马势三月桃园〔三〕。

后交带将身一变，左【手】搬左【足】右拳拽鞭。身踪（纵）横云手出现，左右拘（勾）平肘向前。

开右步右拳二点，进左步左拳为先。身背转右拳先现，左手间（开）〔四〕理同皆然。

右押左从地分免，化老步两手棒（捧）〔五〕天。忽作子左拘（勾）右展，进右步右打地间。

足从后将身背转，右插手插在左边。右纽（扭）肘插手即现，上转下天理循环。

雁儿势单闪一闪，收子步拘（勾）手为先。洗左膝右足提面，下转后云手泰山。

〔一〕阴拳，拳心向上为阴。

〔二〕解，据文义，应为『理解』之意，指拳法习练精熟后能够提高对枪、鞭等器械用法的理解。

〔三〕三月桃园，指三国演义中刘备、关羽、张飞在三月桃花盛开之时于桃园举酒结义。

〔四〕间，据文义，应为『开』字之误。

〔五〕棒，据文义，应为『捧』字之误。

收步跕〔一〕右手抅（勾）后，左阴拳须挡出先。

武拳式四节

时操就文拳武拳，进退来似影似仙。分左膝放开老步，右抅（勾）后左拳向前。左右抅（勾）撞钟出现，化老步左手抅（勾）连。右复抅（勾）左掌撑展，右手搭左臂之间。往前踪（纵）随机应变，跨马式献桃惟猿〔二〕。后交带将身一变，左搬左右似托鞭。身踪（纵）横云手发现，左右抅（勾）右发阴间。卖（迈）〔三〕步时似鸡藏爪，左手居右臂侧边。放老步右拳出现，右收鬓左掌向前。右冲出作拳发现，前转后左掌推山。随步变骑马势跕，左手打左腿里边。打腿面名为引下，那右拳即打面前。面一打他胸必现，用两拳即打乳边。身背转两手撑展，用两足墩如倒山。双柱（拄）〔四〕拐往前推转，右偷腿左抅（勾）腰间。随身变狮子张口，往前踪（纵）猫捉鼠完（玩）〔五〕。身转后右手抅（勾）腕，左抅（勾）后右足上传。往前踪（纵）摆脚出现，落在后转身推前。

〔一〕跕，有拖着鞋走路等意。据文义，此处应为提起脚之意。
〔二〕献桃惟猿，即猿猴献桃。
〔三〕卖，据文义，应为『迈』字之误。后同。
〔四〕柱，据文义，当作『拄』字。后同。
〔五〕完，据文义，应为『玩』字之误。

收子步左手拘（勾）腕，分左膝右足上前。下转后两手推展，收步跕右拘（勾）左前。

太阳工（功）〔一〕秘诀法

浑元一气无道成，道成莫外无真形。
真形内中藏真精，神精神身藏气轻。
清如问形求真形，真形合来有真诀。
真诀合到彻底灵。
【此工（功）三十把，其气三百三十四口气】
【四平工(功)气口身式，七言四首，共气五十六口】
倒拜曲腰头转轮，目从腿下看后身。
左右连气各三口，起来七气共六墩〔二〕。

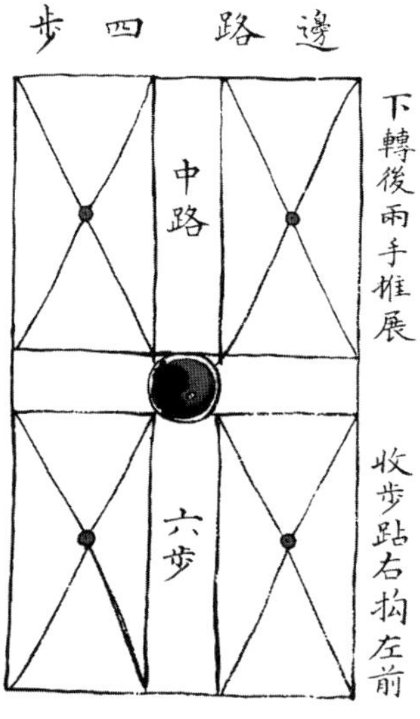

〔一〕工，古文中通『功』字。后同。太阳功的缘起甚早，二十世纪七十年代初出土的马王堆汉墓帛书却谷食气篇中就有『春食朝霞』的记载。在唐代孙思邈的备急千金要方·养性序第一中，太阳功得以逐步丰富，成为一种『咀嚼英华，呼吸太阳』的练功方法。到清代，该功法在民间教门中十分流行。

〔二〕墩，据文义，此处应为量词，说明左右连起来呼吸共六次。

白鹅凉（亮）〔一〕翅左右平，连噫带吓共六墩【八声】〔二〕。
剑诀从来三口气，六气六墩要记清。
双龙入海用肚工（功），左右各三气口停。
提腿转身仍带噫，墩〔二〕足吃气照前行。
骑马扬（仰）〔四〕头身要端，前后左右上下揎〔五〕。
连墩共气十三口，四平之工（功）道乃全。

文工（功）夫歌〔六〕

两手撑天理三焦〔七〕，变弓下揖固肾腰。调和脾胃须单托，五劳七伤向后瞧。
摇头摆尾泻心火，宽胸利气射金標。握拳瞪目添气力，马上三叠〔八〕饮食消。

〔一〕凉，据文义，应为『亮』字之误。
〔二〕疑为发八次声音。
〔二〕墩，此处作动词，意为向下用力。
〔四〕扬，据文义，当作『仰』字。
〔五〕揎[xuān]，有捋袖子露出手臂，用手推、打等意。据文义，其在此处应为用手推之意。
〔六〕文功夫歌的歌诀为八段锦的内容。
〔七〕三焦，中医学名词，六腑之一，分上焦、中焦、下焦三部。
〔八〕三叠，指提踵后震动作。

劝君每日行三便（遍）〔一〕，不服丹药自逍遥。

拳法研究诗三首

武艺难得窍不真，费尽心机枉劳身。老师留下妙真诀〈专〉〔二〕，专心致志自通神。

拳法由来非一门〈随机〉〔三〕，随机应变在乎人。经师访友知高下，得窍功深道乃真。

得心应手快如风，暴电迅雷谁不惊。虚实变通备诡着，往来顺利自通灵。

拘（勾）搂劈挂，前压后合。闪绽（展）腾挪〔四〕，飞劈撩刊（砍）〔五〕。

浮粘诱摸，趁拖厮（撕）〔六〕抓。回杵擎漏，高挑低按平拿挪。

盖磨三捶【中门外劈】，左右提腿。头顶三打，五虎炮【中门真进小身法】。

对面掌【先右后左】，五花炮【外里进立身法】。

玉带缠腰【外里迎大步】，七星炮【右左里门中身插身法】。

〔一〕便，据文义，应为『遍』字之误。

〔二〕专，据文义，应为衍文。

〔三〕随机，据文义，应为衍文。

〔四〕闪绽腾挪，据其语言习惯，应为『闪展腾挪』，乃指身法变化。后同。

〔五〕刊，据文义，应为『砍』字之误，指武术横向击打方法。后同。

〔六〕厮，据文义，应为『撕』字之误。

马滩淤泥河【里进认法】，满肚红。

画眉出水【外门立身法】，平心剑。

斩手挂面【中门】，刀对销【中门立身】。

撒（拗）〔一〕单边【外进里大步】，踏足面。

偷步转身【平身法】，半月圆月。

顺手牵羊【中门缩身】，抽梁换柱【中门小步点】。

双虎眼炮【左右门骑马势】，玉兔走黄沙【外进里门五点】。

托膝连炮【外进里迎】，金斩杏黄旗【外进里门大步五点】。

懒老婆拐线【外里拿】，双手摸眉【左右同二点】。

蛇归旧穴【左右同小步身法】，扶栏斩腰【中外门二点】。

十字川（穿）〔二〕心【左顶右川（穿）】，十字押手【中门立身法】。

十字踏腿【外门】，猿猴献桃【边路进中门】。

倒吊人头【背法后进老步】，单手押双手【劈肚炮膀靠边插炮】。

〔一〕撒，据文义，应为『拗』字之误。

〔二〕川，据文义，当作『穿』字。后同。

捆线绳连势炮【外进里进老步】，撩扬【老步】，采（踩）〔一〕腿【缩身法】。

马前斩草【外门立身子步】，梅花落地【插腿外劈】。

恶马摘辔〔二〕【外里进插法】，恶马带辔【中门老步】。

左右肘靠【中门骑马势】，左右膀靠【中门进里立插法】。

黑马掏膛（裆）〔三〕【外进里拿】，海底捞月【进中门挎（跨）〔四〕马势】

双手挂梁【中门外劈老步】，单手摸眉【中门外劈立身法】。

和尚撞钟，拘（勾）搂交带，称称千斤，双柱（拄）拐，清官脱靴，抽豆腐，怀中抱月。金交剪，苏秦背剑，敬德〔五〕访白袍，提扎耳后，川（穿）脚堂脚，双手举发，身窝臂，金系（丝）〔六〕缠腕，打阴间，泥里拔葱，列扬头，拳打胸堂（膛）〔七〕，海底捞沙。

〔一〕采，据文义，应为『踩』字之误。

〔二〕辔，辔头，指驾驭牲口用的嚼子和缰绳。后同。

〔三〕膛，据文义，应为『裆』字之误。

〔四〕挎，据文义，应为『跨』字之误。

〔五〕敬德，指尉迟敬德。

〔六〕系，据文义，应为『丝』字之误。

〔七〕堂，据文义，应为『膛』字之误。

汉赵子龙枪法赞

金枪一点照日红，连扎三枪鱼并行。先有中平枪〔一〕败势，又有完虎枪定心。

前跳一丈龙摆尾〔二〕，后踪（纵）八尺虎翻身。左搬枪按定他手，右搬枪单扎虎口。

定军枪上下周流，寸步枪刺人咽喉。地里蛇往来走动，一窝蜂罩定乾坤。

后有完虎合中平，舞杆之下神鬼惊。金枪一点照日红，连扎三枪如鱼行。

玩虎枪有低有高，中平枪摧步代逐。饿虎枪紧闭紧封，出斩枪大闪小步。

饿虎枪外联里顾，败蛇枪金龙罩顶。骑马势指枪分综，左搬枪按定他手。

右搬枪单扎虎口，寸步枪刺人咽喉。枪顾身凤凰投窝，身顾枪怀中抱月。

端扎窝里倒左右，蝎子卷尾回头望。霸王上弓闪栈（赚）〔三〕筋，出斜步反挑正联。

败枪势元（玄）〔四〕中又元（玄），青蛇过道分左右。鹞子入林〔五〕虎翻身，云里显圣蛇探头。

虎似猫形似闪形，救命枪端扎一条线。后退八尺虎翻身，前跳一丈龙摆尾。

〔一〕中平枪，又称中四平枪，明清枪法术语，沿用至今。中平枪是最基本的持枪姿势，即枪的根部紧靠自己腰间、双腿略屈、枪尖正对对方胸腹之间的持枪势。（中国武术大辞典编辑委员会编著中国武术大辞典，第二七三页。）

〔二〕龙摆尾，指苍龙摆尾，即掤退救护枪。（中国武术大辞典编辑委员会编著中国武术大辞典，第二七五页。）

〔三〕闪栈，据文义，应为『闪赚』之误。

〔四〕元，据文义，当作『玄』字。后同。清代因避康熙玄烨讳，改『玄』作『元』。

〔五〕鹞子入林，又称鹞子扑鹌鹑，为长枪枪法。

阳手枪扎左顾右，阴手枪扎前顾后。枪到临身行方便，直封硬闭闪栈（展）腾挪[一]。

扎挑绞项，凤凰展翅双上架。身窍低败枪出现，破膝撩肘专扎胸。

顾右枪胁臂相同，走扭步霸王举鼎。

剪子步构（勾）[二]枪对垒，上有玩虎合中平。游蚓[三]过道蛇退壳，回马枪翻身进步。

扭东列西枪随身行，神鬼枪粘燃额靠。鬼神枪迎顾直撑，太平枪里外相顾。

腾身窍摧快步如同虎豹，鸳鸯枪阴阳锤四面入（八）[四]方。

回身退步闪门如变化，执枪进步扎挑刀切。里手枪构（勾）挂扎挑，外手枪翻正如飞。

高仰低蹙平倒端低，谨守封闭转身头蹙。摧着快步纵闪跳蹬，扭肩通膀黑白青黄。

梨花大敌枪歌

此枪造来人难通，随扎随闭莫发空。腾步挟定八门势，封闭捉拿擒[五]枪法。

〔一〕闪栈腾挪，前文写作『闪绽腾挪』，据其语言习惯，应为『闪展腾挪』。

〔二〕构，据文义，应为『勾』字之误。后同。

〔三〕游蚓，据文义，应为『蝤蚓』，指蝤蛴与蚯蚓。

〔四〕入，据文义，应为『八』字之误。

〔五〕封闭捉拿擒，枪术的基本技术动作。

倒发桶袖难闭驾，腾步反败使刁扎。退步败枪倒托势，转身封闭使华（花）〔一〕枪。
仆地水平难阻当（挡）〔二〕，进步闪后反里枪。滚转梨花迷人眼，发闪摆头〔三〕最难防。
指上扎下人难朵（躲）〔四〕，抽身吕布倒托戟。反后一枪难阻当（挡），跌枪进步最难防。
卖步跕（站）〔五〕定骑马势，左腾右挪把人伤。要知此枪真名姓，梨花八路大敌枪。
此枪立势最刚强，提枪扎人全不忙。长枪乃为军中王，中心一枪最难防。
所用梨花咱为首，后有封闭捉拿枪。发枪久使串子，拽枪常在胯前。
枪为鞭棍刀中祖，起手先扫打虎口。常使桶袖仆地，托揽滚手难闭。
若遇马上马上使，步下遇见步下敌。要知此枪拿人窍，托揽滚手封闭奇。
抽身换膀人不晓，腾步存腰实难得。一枪左右三变手，即是神仙也难走。
滚转梨花迷人眼，发闪摆头最难防。指上扎下由人变，推转梨花无人见。
脚步身法要精熟，精熟扎人全不愁。操起梨花人难走，十人见了九人愁。

〔一〕华，古同『花』字。
〔二〕当，据文义，当作『挡』字。后同。
〔三〕发闪摆头，即梨花摆头。枪法术语，指枪左右拦拿摆动的动作。（中国武术大辞典编辑委员会编著中国武术大辞典，第二七八页。）
〔四〕朵，据文义，应为『躲』字之误，有躲闪之意。
〔五〕跕，据文义，当作『站』字。

要知此枪何人造，梨花本是杨家留。

春秋刀〔一〕序

青龙偃月世无双，上下滚走把人伤。老爷〔二〕勒马望宝山，白马坡前斩颜良。定军刀劈夏侯渊，古城壕边斩蔡阳。酒尚未凉华雄丧，鉴斩文丑在内藏。

文刀歌

圣人留下枪棍鞭，惟短刀学最难。先走三步撑天势，后进骑马跨刀悬。往前进一老步势，手在乳旁刀向前。回头掌推刀留后，好似青龙摆尾还。身如乾坤往右转，怀中抱月护阴间。偷步绞刀往前进，刀随身窍撑左肩。进步撑天摘星势，即把刀藏右胯间。进一斜步斜刀出，踪（纵）回子步势当先。刀在腿前把腿护，奎星〔三〕提斗保胸前。手搬刀柄左右转，摧步绞刀紧相连。踪（纵）回骑马势立站，开门势儿防后杆。进步铁牛耕田势，一步三刀保身全。

〔一〕春秋刀，因三国演义中的关羽夜读春秋而得名。明代罗贯中所著三国演义称关羽所用的刀名为青龙偃月刀，简称青龙刀，又名关刀。

〔二〕老爷，指关羽。

〔三〕奎星，指奎宿，二十八宿之一。古人认为奎宿主文章。

倒步转身挟山势，手擒枪头保胸前。刀刺咽喉头上献，十人观见九人寒。
刀从头降往下砍，分综滚刀列两边。盘头刀在昆仑〔一〕现，三马连环鬼神寒。
转身化一张公势，腰堂胸出项要端。偷步两手左右展，分刀偷步削枪尖。
转身下势左鬓现，关公霸陵观曹蛮〔二〕。去而复转刀下砍，临行送后一刀还。
脚踢手背往前转，好似诸葛追南蛮〔三〕。刀入堂内忙下砍，回头即迎左鬓杆。
收步立下奎星势，即把钢刀胯（挎）〔四〕腰间。且将此刀勿轻看，脚步身法甚是难。
要知此刀名呼唤，老师当年文刀传。

搬丹棍歌

梅花随身直枪回，凤凰三点紧随身。扭手底，鞋底冲天炮，回头就是铁拴门。
挑枪转身杨家枪，老爷背刀肩膀上。砍刀一下绞刀回，提水四枪铁拴门。

〔一〕昆仑，在道教内丹理论中指人的头部。
〔二〕关公霸陵观曹蛮，源自关公霸陵挑袍辞曹操之典故。
〔三〕南蛮，指诸葛亮七擒孟获中的南方诸族。
〔四〕胯，据文义，应为『挎』字之误，有『挂』之意。

掏枪三滚随身下，回头朝天一柱（炷）香〔一〕。出门还使左右棍，斜步又使绰地龙〔二〕。

扭手一枪出门户，幸者出门连三棒。挑枪直水搬丹棍，偷步三月人难猜。

棒头扭手紧随身，钻枪一点代两棒。

枪法讲究论

枪法曰：『此枪须要三尖照〔三〕齐。』或问曰：『何为三尖？』答曰：『枪尖上照鼻，中照心尖，下照足尖，乃三尖也。此枪枪路甚窄，自己不用交大，交大他人别有使法也。出枪不过前肘，收枪不过腰眼。』或又问曰：『窄者多少？大者若何？』答曰：『杆（枪）绞如月〔四〕，人身不过一尺而已，倘过尺余岂不是交大？他人定有别使之法。双手定法来仰去和，一目瞅定他手，方知他人来情。枪有内、空、分、被，皆按闪绽（展）腾挪。根尽之法，随手即应，应利即成。枪法浑身上下若舞梨花，遍体纷纷，

〔一〕柱，据文义，应为『炷』字之误。朝天一炷香，疑为『朝天势』，长枪枪法或棍法。明代戚继光所撰纪效新书·长兵短用说篇·二十四枪势的『朝天势』：『乃上惊下取枪法，摇旗扫地铁牛耕，哪怕他拖刀诡诈。』（戚继光：纪效新书：十八卷本，曹文明、吕颖慧校释，中华书局，二〇〇一，第一六九页。）

〔二〕绰地龙，疑为『雀地龙』，据文义，此处应为仆步穿棍动作。明代戚继光所撰纪效新书·拳经捷要篇载：『雀地龙下盘腿法，前揭起后进红拳，他退我虽颠补，卫来短当休延。』（戚继光：纪效新书：十八卷本，第三三七页。）

〔三〕三尖照，传统武术用语。鼻尖、手（指）尖、脚尖为『三尖』，上下一线为『照』。（中国武术大辞典编辑委员会编著中国武术大辞典，第三二四页。）

〔四〕杆绞如月，或为『枪绞如月』，指枪在做拦、拿等圈枪动作时运动轨迹如月亮的形状和大小。

如飘瑞雪，出其不意，攻其无备。梨花之枪天下咸尚之，其法在于精熟而已。精熟生巧，其进锐，其退速，气盈则战，气夺〔一〕则避。能守而后能战，有备而后无患。制胜之道，在小心平气。小其心，故能惧；平其气，故能谋。内实精神〔二〕，外示安佚（仪）〔三〕；布形候气，追形还影，踪（纵）横往来，目不及瞬。』

春秋刀讲究论

关夫子当年威风凛凛，杀气冲冲，日斩千员将，杀坏了多［少］〔四〕英豪，也不过凭此刀而已。后世如学精熟，自能生巧，焉有不中之礼（理）〔五〕，慎之，慎之！

刀凭刺、豁、撩、刊（砍），枪凭封、闭、揭、按。

用脚摆，打虎势，再耍个达卯〔六〕加定铲。老爷勒马望宝山，蹬一足，要步子，扎一刀，足心被（拔）〔七〕刀。骑马势、盘头刀、猫儿洗脸，重半步是要步，周仓大立帅，转身华子是三个，分刀左右是两刀。骑马势、

〔一〕夺，丧失，耽误。（王力、岑麒祥、林焘等编古汉语常用字字典（第5版），商务印书馆，二〇一六，第九六页。）

〔二〕『内实精神』一语，或出自吴越春秋·勾践阴谋外传，然稍有异。

〔三〕佚，据文义，应为『仪』字之误。

〔四〕少，据文义所补。

〔五〕礼，据文义，当作『理』字。

〔六〕达卯，此二字语义不明，待考。

〔七〕被，据文义，当作『拔』字。

盘头刀、罗圈腿、坐马势、盘头刀、暮云盖顶、打虎势，收双足是通刀，左右杀四门。坐马势，盘头刀，青龙缠项、打四背，刀要步子，猫而（儿）〔一〕洗脸，转使托刀进步。挠把子是三刀，过肩榜（膀）〔二〕是一刀，⿰扌者（遮）〔三〕挡是一刀，暮云盖顶，转身刀，收步使通刀。挠把子是三刀，过肩榜（膀）是一刀，⿰扌者（遮）挡是一刀，暮云盖顶，转身刀，收步使通刀。挠把子是三刀，过肩榜（膀）是一刀，⿰扌者（遮）挡是一刀，暮云盖顶，转身绞，是三刀。背一个打虎势，收步转身是三刀。讲说应酬，论胆欲大，心欲小；气欲闲，力欲窕〔四〕；眼欲疾，手欲巧。手如飞鸟，身如蛇行，声如迅雷，袖如暴电，重则山崩，轻似雪飘。

想昔日造拳之时，□□□□□人，每日操练，打就活路，变化明白，著成拳套。以□后人□□□，此人之手，彼人之足；又有一势，是彼之手，是此人之足。拳法之中有足踢手响，此名为『见教』，本是打准了那人，此处无那人，故手足代之耳。

或问曰：『有足墩地响〔五〕者，莫非人于地亦见教乎？』答曰：『非也，墩足者，名为「闭目打气」，惊人之心、败人之气力也。譬如大炮一响，猛风一阵，焉有不惊人心败气力者乎？』

〔一〕而，据文义，应为『儿』字之误，此处为儿化音。
〔二〕榜，据文义，应为『膀』字之误。后同。
〔三〕⿰扌者，据文义，应为『遮』字之误。后同。
〔四〕窕[tiǎo]，宽绰而有空隙、不充实。（王力、岑麒祥、林焘等编古汉语常用字字典（第5版）），第四一一页。）
〔五〕足墩地响，据文义，指类似传统武术演练中的『震脚』，即以脚跺地。

枪鞭论

长取短，不离腕；短取长，先入堂。而不知长妙在翻手，短妙在跃步。高挑、平拿、低按是三大法。老步、子步、骑马步、跨马步、偷步是五步法。俗曰：『拳假工（功）夫真，力大强十分；四两拨千斤，窍眼〔一〕真难得。』

〔一〕窍眼，指能觉察并能把握『四两拨千斤』的机会。